Hanna v. Feilitzsch

Zu Gast im Slezak-Haus

Hanna v. Feilitzsch

Zu Gast im Slezak-Haus

Ein kulinarischer Führer
durch das Leben des
Kammersängers, Schauspielers
und Autors

Leo Slezak

Mit Rezepten
von
Heinz Aichbauer

© 1994 by Feilitzsch Verlag – D-83700 Rottach-Egern
Printed in Germany – Imprimé en Allemagne
ISBN 3-930931-00-1 DM +039.50

Gesamtherstellung: Mayr Miesbach, Druckerei und Verlag GmbH,
Am Windfeld 15, D-83714 Miesbach, Germany

Inhalt

Leo Slezak	7
Tegernsee	15
Das Frühstück, recht oft »-Déjeuner-« zu nennen...	33
Gebratenes Hühnerbrüstchen auf Sellerie-Früchtesalat	33
Slezak-Sandwich	33
Ragout fin	34
Frühstücksragout	34
Zwiebelkuchen	34
Malerwinkelteller	35
Rosa gebratenes Roastbeef mit Sauce Tartar	35
Pfifferlinge in Rahm mit kleinen Kräuterknödeln	36
Spargel mit Essig-Öl-Kräutersauce	36
Gebeizter Lachs	37
Salat von frischen Pfifferlingen mit gebeiztem Lachs	37
Cocktail aus Shrimps und frischen Feigen	38
Forellen-Mousse	38
Der gute Ton in allen Lebenslagen	39
Das Frühstück	39
Suppen und Suppeneinlagen	45
Mit magischer Gewalt zum Theater	45
Hühnerbrühe	46
Rinderbrühe	46
Leberknödel	46
Leberspätzle	47
Markklößchen	47
Grießnockerl	47
Hausgemachte Nudeln	48
Milzpovesen	48
Kaiserschöberl	48
Zum Theaterbesuch langte es nicht...	57
Legierte Grießsuppe	58
Graupensuppe mit Gemüsewürfeln	59
Gulaschsuppe	59
Kartoffelsuppe mit Wiener	59
Mein erstes Gastspiel in Prag	60
Spargelcremesuppe	62
Schwammerlsuppe	62
Blumenkohlcremesuppe	62
Broccolicremesuppe mit Lachsstreifen	63
Minestrone	63
Biersuppe	64
Fischsuppe mit Knoblauchcroutons	64
Ich nehme keine Rücksicht, ich nemm Fisch	65
Das Reisen in Amerika	65
Saiblingsfilet auf Basilikumrahmspiegel	68
Schellfisch in Senfsauce	68
Zanderfilet Grenobler Art	69
Gebratene Scholle mit Speck, Zwiebeln und Shrimps	69
Gebratenes Goldbarschfilet mit Bananen und Mandeln	69
Gebratener Saibling in Zitronenbutter	70
Ich nehme keine Rücksicht, ich nemm Fisch!	70
Forellen »Duxelles«	71
Miesmuscheln in Tomatensauce	71
Riesengarnelen	71
Innig geliebte Eltern!	72
Languste mit pikanter Mayonnaise	73
Gegrillter Hummer	73
Hummerragout mit Morcheln	73
Krebse in Dillrahmsauce	74
Krebsgulasch	74
Leichte Gerichte aus dem Hungerhof	75
Der Umstand, daß ich vollschlank bin, schafft Leiden...	75
Kalbsfrikassee mit Spargel	79
Kalbsfilet mit frischen Champignons	80
Spargel mit Hühnerbrüstchen	80
Hühnerfrikassee	80
Bunte Reispfanne mit Hühnerbruststreifen	81
Kalbsnierchen in leichter Senfsauce	81
Kalbsleberschnitte mit Äpfeln und Zwiebeln	82
Gefüllte Aubergine	82
Gemüseeintopf mit Nudeln	83
Gemüse-Nudelauflauf	83
Ferien	84
Vom Elch bis zur Wildente	87
Elchbraten Weinhändler Art	87
Wildschweinragout mit Egerlingen und Champignons	87
Hirschragout Williams	88
Hirschkalbsfilet auf heißen Sauerkirschen	88
Glucks »Armida«	89
Rehsahnefleisch	91
Rehpfeffer	91
Rehrücken auf roten Johannisbeeren	92
Hasenrücken in Haselnußkruste	92
Ich sang in der Academy of Music in Brooklyn den Othello	93

Geschmorte Kaninchenkeule	94	Grießschnitten mit Zimtzucker	136
Fasan auf Ananaskraut	95	Milchreis mit frischen Früchten	137
		Mohnnudeln	137
		Fingerhüte	137
Deftiges, Kräftiges, Bayrisches	97	Scheiterhaufen	137
Der Opernführer	97	***Abschied vom Theater***	138
Lohengrin	100	***Nichts ist mehr da, als Reste***	
Slezak-Gulasch	113	***vom Dessert...***	149
Gulascheintopf	113	***Film***	149
Rinderbraten in Burgundersauce	114	Orangenparfait	152
Slezak-Toast	114	Lebkuchenparfait	152
Rinderroulade	115	Bayrisch Creme	152
Leo's Krautwickerl	115	Mousse au chocolat	152
Kalbshaxe mit Gemüsestreifen	116	Mascarponecreme	153
Schweinehax'n	117	Kaffeecreme	153
Wurzelfleisch mit frischem Meerrettich	117	Kirschcreme	153
Schweinemedaillons in Calvadosrahmsauce	118	Pfirsichcreme	153
Flugentenbrüstchen auf		***Daß der Humor und die sogenannte***	
Erdbeer-Rhabarbercreme	118	***Viecherei bei der Arbeit nicht***	
Gustav Mahler	119	***zu kurz kommen und diese würzen,***	
Putenschnitzel in Curryrahm mit		***ist selbstverständlich***	154
frischen Erdbeeren	123	Windbeutel	156
Kalbsbriesröschen in Kiwisahne	123	Rahmwaffeln	156
Rinderleber mit Speck, Zwiebeln		Zwetschgendatschi	156
und Tomaten	123	Käsekuchen	157
Gebratene Gans	124	Eierlikörsandkuchen	157
Gefüllte Ente	125	Slezaktorte	158
Kleines Abenteuer	126	Rote Grütze	158
Paprikahendl	128	Vanillepudding mit frischen Erdbeeren	159
Wiener Backhendl	128	Flambierte Bananen	159
Gefüllte Wachteln in der Folie	128	***Mein Steckbrief***	160
Grüne Nudeln in Gorganzolacreme		***Zum Schluß ein paar Besonderheiten***	162
mit gebratenen Austernpilzen	129	***Leo's Geburtstagsmenü:***	162
Wiener Schnitzel	129	Krebse in Biersud	162
Mehlspeisen	131	Spanferkel Braumeister Art	
Millirahmstrudel	131	mit Speckknödeln und warmem Krautsalat	162
Apfelstrudel	131	Aprikosenknödel	163
Zwetschgenknödel	132	***Leo's Weihnachtsmenü***	164
Wie ein schöner Traum zieht all der Glanz		Roggensuppe	164
an meinem geistigen Auge vorüber	133	Kabeljau in Kerbelrahm, dazu Kastanienreis	164
Apfelkücherl	134	Datteltorte	165
Topfenpalatschinken	134	***Schmerzliches Erlebnis***	166
»Herr Kammersänger, die Krone«	135	***Register***	167
Kaiserschmarrn	136	***Literaturverzeichnis u. Bildnachweis***	168
Salzburger Nockerl	136		

Alle Rezepte ergeben, wenn nichts anderes vermerkt, vier große Portionen.

Leo Slezak

Wenn oben in Gmund der Tegernsee über die Ufer trat, dann schmunzelten die Einheimischen: »Der Herr Kammersänger badet.«

Der Herr Kammersänger hieß Leo Slezak, wohnte unten in Egern und war mit fast zwei Metern Größe und manchmal über 290 Pfund eine gewichtige Erscheinung.

Das lag in der Natur der Dinge, denn Leo Slezak war ein Genießer, der sich an Weißwürsten oder einem einfachen Gulasch ebenso erfreuen konnte wie an delikaten Meeresfrüchten. Als Liebhaber und Held auf der Opernbühne mußte er zwar auf seine Linie achten, aber wann immer es sein Gewicht erlaubte, konnte er seiner Leidenschaft stundenlang nachgehen. Und nach besonders ausgiebigen Festmählern hörte man ihn schon einmal ein Stoßgebet zum Himmel senden:

»Lieber Gott, gib mir einen zweiten Magen, da kannst meinen Bauch dafür haben.«

Bis hin zu solch anregenden Gaumenfreuden war es allerdings ein weiter Weg, denn der gefeierte und umjubelte Kammersänger war ein Kind armer Eltern und seine ersten Jahre waren von Entbehrungen gezeichnet.

Leo Slezak kam am 18. August 1873 in einer kleinen Mühle in Mährisch-Schönberg zur Welt. Die Familie, fleißig und rechtschaffen, verlor schon bald durch widrige Umstände ihre Existenzgrundlage. So mußten sie vollkommen mittellos nach Brünn übersiedeln, wo der Vater in einer Tuchfabrik einen Posten als Magazineur bekam.

Brünn wurde zu Leo Slezaks Heimatstadt. Hier verbrachte er seine Kindheit und Jugend, besuchte Kindergarten und Schule und war bald überall für seinen Frohsinn und seine unerschöpfliche Erfindungsgabe von Lausbübereien bekannt.

Sein Vater hatte große Pläne mit ihm, denn er wollte, daß sein Sohn es einmal besser im Leben habe. Deshalb sollte Leo nach Abschluß der Realschule die Kadettenschule besuchen und Offizier werden oder die Beamtenlaufbahn einschlagen und in den Staatsdienst gehen. Aber ein Wink des Schicksals: Leo mußte die Realschule in der vierten Klasse verlassen, von seinen Lehrern lieblos als »Ruhestörer« gebrandmarkt.

Nun begann der Ernst des Lebens. Leo entschied sich wegen seiner Liebe zur Natur, zu allen Blumen und Pflanzen, für eine Gärtnerlehre. Er bekam in Gmunden am Traunsee in der Rosenvilla der Erzherzogin Elisabeth eine Anstellung, doch die glückliche Zeit fand schnell ein Ende. Das Anwesen wurde verkauft, Leo verlor seine Lehrstelle und ging zurück zu seinen Eltern nach Brünn.

Jetzt nahm sein Vater die Berufswahl in die Hand und beschloß, daß Leo einen soliden Handwerksberuf ergreifen solle. Drei Jahre lernte er Maschinenschlosser bei Brand & L'Huillier in Brünn und besuchte anschließend die Werkmeisterschule.

Während dieser Zeit entbrannte in Leo der leidenschaftliche Wunsch, zum Theater zu gehen und Komiker zu werden. Zu Hause stieß er damit auf taube Ohren, denn sein Vater befürchtete, er hätte nur als »Möbelträger« oder »Wolkenschieber« Zukunft. Doch durch einen glücklichen Zufall lernte Leo einen Chorsänger des Brünner Stadttheaters kennen, der ihm dort zu Statistenrollen verhalf. Voller Enthusiasmus sang er alle Chorstellen lauthals mit und fiel so während einer Vorstellung dem Bariton Adolf Robinson auf. Schon am nächsten Tag prüfte der berühmte Mann Leos Stimme und konstatierte einen Heldentenor. Er war von dieser Stimme derart begeistert, daß er nicht nur den Vater von einer aussichtsreichen Zukunft überzeugte, sondern der Familie auch anbot, Leo umsonst zu unterrichten.

Nur der Unterhalt während der Gesangsausbildung mußte noch gesichert werden, und da kein Gönner zu finden war, und sich die schwere Arbeit als Maschinenschlosser mit dem Singen nicht vertrug, ging Leo nach Abschluß der Werkmeisterschule mit 17 Jahren freiwillig zum Militär. Jede freie Minute arbeitete er hart an seiner Stimme, aber seine Gesangsausbildung war nach Beendigung der Militärzeit noch nicht abgeschlossen. Und da er nach wie vor vollkommen ohne finanzielle Mittel war, versuchte er sich zuerst als Schreiber in einer Advokaturkanzlei und anschließend als Agent für Powidel (Pflaumenmus). Beide Posten waren jedoch nicht von Erfolg gekrönt, und, nachdem er mit krachendem Magen bei seinem Lehrer auftauchte, kam ihm dieser zur Hilfe. Er sprach beim Direktor des Brünner Stadttheaters vor, Slezak wurde zum Vorsingen zugelassen, sang die Bajazzo-Arie und wurde sofort engagiert.

Nun war er zwar aller finanzieller Sorgen enthoben, sein Gehalt erschien ihm schwindelerregend hoch, aber seine Geduld wurde vor eine harte Zerreißprobe gestellt, denn er wurde für eine lange Zeit nicht beschäftigt. Er mußte erst einmal, wie im Vertrag vereinbart, drei Opernpartien bühnenreif einstudieren, was dadurch erschwert wurde, daß er noch keine Noten lesen konnte. So spielte Mama Robinson auf dem Klavier jeden Ton einzeln vor, und Leo prägte sich auf diese mühsame Art den Freischütz, die Zauberflöte und den Lohengrin ein.

Wann immer möglich verbrachte er seine Zeit im Theater in der Künstlerloge, und träumte davon, endlich als Tenor auf der Bühne zu stehen.

Dazu bekam Leo Slezak erst Gelegenheit, als zum Benefiz des Bassisten Shukovsky »Lohengrin« gegeben wurde und dieser ausdrücklich verlangte, daß er die Titelrolle singen solle. Der Direktor zitterte und veranlaßte, daß hinter den Kulissen ein anderer, kostümierter Tenor bereit stehe, der, falls Leo nicht mehr weiter könne, einspringen sollte. Wider Erwarten wurde der Abend ein großer Erfolg, und Leo Slezak avancierte zum Liebling des Brünner Publikums. Die Kritiker lobten ihn über alle Maßen und die Brünner nannten ihn voller Stolz »ihren Slezak«.

Sein Lehrer Adolf Robinson riet ihm, trotz Ruhm und Ansehen, das Theater zu wechseln, um nicht als Provinzgröße zu verkümmern. Und so ging Leo nach drei erfüllten Lehrjahren als Königlicher Hofopernsänger nach Berlin. Hier wurde seine Geduld das zweite Mal auf die Probe gestellt, er mußte Statistenrollen singen und durfte nur gelegentlich für einen Kollegen einspringen und sein Können zeigen. Er fühlte sich zum »Gesangsbeamten« degradiert, wollte lieber im Rampenlicht stehen, aber rückblickend mußte er sich eingestehen, daß diese Ruhepause für seine Stimme eine glückliche Fügung war, denn nach der anstrengenden Brünner Zeit konnte er sie pflegen und wachsen lassen.

Leo war überglücklich, als er von Direktor Löwe an das Breslauer Stadttheater abgeworben wurde.

Breslau war eine entscheidende Station in Leo Slezaks Leben. Nicht nur, daß er hier triumphale Erfolge auf der Bühne feierte, sondern hier lernte er auch seine zukünftige Frau, die Schauspielerin Elisabeth Wertheim kennen.

Nach einer kurzen Verlobungszeit verabschiedete sie sich als Jeanne d'Arc von ihrem Publikum, und kurz darauf, am 15. Februar 1900, wurde die Hochzeit gefeiert. Ihr ganzes Leben lang konzentrierte sie sich auf Leo und seine

Karriere und wurde ihm zu einer ungeahnten Beraterin und Helferin.

Mit dieser glücklichen Ehe begann, wie er selbst am Ende seines Lebens sagte, sein wunderschönes Lebensmärchen, die größte Gnade Gottes, die einem Menschen zuteil werden kann, denn seine Frau gab ihm Kraft und Ruhe, war aber auch sein künstlerisches Gewissen, das ihn in seiner Arbeit nicht erlahmen ließ.

Im Frühjahr 1901 sang Leo Slezak an der Wiener Staatsoper ein dreitägiges Gastspiel auf Anstellung, als Arnold in Wilhelm Tell, als Radames und als Walther Stolzing. Er sang am ersten Abend den Arnold mit voller Stimme, und als er mit einer Leichtigkeit die hohen Cis erklingen ließ, brach ein derartiger Orkan los, daß der Hofkapellmeister den Taktstock weglegen und auf Ruhe warten mußte.

Direktor Gustav Mahler engagierte ihn sofort, und am 15. September 1901 trat Slezak dem Ensemble der Wiener Staatsoper bei, wo er lange Jahre seine künstlerischen Fähigkeiten als erster Tenor voll entfalten konnte.

Seine Stimme wurde damals von Kritikern als »Mammuttenor vorsintflutlicher Größe« bezeichnet. Sie strahlte mit unglaublicher Kraft und Schönheit, verfügte bis in die letzte Wurzel des Tones über Wohllaut und Ausdauer, stieg raketenhaft in letzte Höhen. Sein größtes Geheimnis blieb aber ein Mezzavoce, eine voix mixte, von betörendem Schmelz, die ihm alle Tönungen bis zum feinsten Pianissimo erlaubte.[1]

Tagtäglich arbeitete er an seiner Stimme und pflegte sie wie ein kostbares Instrument. Wann immer er am Abend sang, sprach er den ganzen Tag kein Wort. Wurde er auf der Straße von Bekannten angesprochen, so öffnete er seinen Mantel und zeigte auf ein Schild, welches er um den Hals trug: »Darf nicht reden – singe heute.«

Hinzu kam, daß Leo Slezak ein ausdrucksstarker Schauspieler war, der sich mit Leib und Seele in seine Rollen verwandelte. Durch diese Eigenschaften war er für die allerhöchste Ansprüche stellenden Partien der großen Oper geradezu prädestiniert.

Aber Slezak erkannte schon bald, daß nicht nur das tagtägliche, gewissenhafte Studium für die Stimme wichtig ist, sondern daß ein Sänger immer weiterlernen muß. Und so ging er nach Paris zum weltberühmten Tenor Jean de Reske und studierte mit ihm sieben Monate lang alle für ihn in Frage kommenden Opernpartien in den Originalsprachen, um sich auf eine internationale Karriere vorzubereiten.

Schon bald konnte er die Früchte seiner Arbeit ernten, er erlangte durch Tourneen quer durch Europa und Amerika Weltruhm und wurde überall mit Geld und Ehren überhäuft.

Wann immer möglich, nahm der große Mann seine Frau und seine beiden Kinder, Margarete und Walter, mit auf Tournee und verlegte den gesamten Haushalt von Stadt zu Stadt. Hunde, Katzen und das gewohnte Personal waren mit von der Partie, so daß ihm nichts zu seinem Wohlbefinden fehlte und er sogar in weiter Ferne ein heimisches Kalbsrahmgulasch mit Nockerln genießen konnte. Was er auf Tourneen immer bei sich hatte, waren seine Kostüme, denn kein Opernhaus der Welt führte diese »Mammutmaße«.

Obwohl Leo Slezak überall gefeiert und umjubelt wurde, war er jedes Mal glücklich, wieder zurück in Wien zu sein, denn hier war seine künstlerische Heimat, hier wurde er unter der gestrengen Anleitung von Gustav Mahler zu Höchstleistungen getrieben, hier wurde er vom Kaiser zum k. und k. Kammersänger ernannt, und hier erreichte er einen derartigen Beliebtheitsgrad, daß manchmal, nach besonders gelungenen Vorstellungen, seine treuen Fans die Pferde ausspannten und den Wagen unter großem Jubel nach Hause zogen.

Trotzdem verließ Leo Slezak Wien. Er konnte dem Angebot aus New York, mit so großen Künstlern wie Enrico Caruso und Arturo Toscanini zu arbeiten, nicht widerstehen und trat 1908 dem Ensemble der Metropolitan Opera bei.

Mit seinem Debüt als Othello begeisterte er durch seinen Gesang und sein kraftvolles Spiel so sehr, daß die Kritiker in den Überschriften am nächsten Tag verkündeten: »Caruso, hüte dich, dein Rivale ist gekommen!«

Er feierte einen sensationellen Erfolg nach dem anderen, aber trotzdem wollte Leo Slezak nicht in New York bleiben. Das feuchte Klima bereitete ihm große Sorgen, er lebte in ständiger Angst, heiser zu werden, und verbrachte deshalb die meiste Zeit in seiner Hotelsuite.

So verließ er 1913 die Met und gab Konzerte im ganzen Land, bis sein Aufenthalt in den Staaten durch den Eintritt der USA in den Ersten Weltkrieg beendet wurde.

Leo Slezak wurde überall in Amerika stürmisch gefeiert. Trotzdem wollte er in dieser Zeit seine Bindung zu Europa verfestigen, und kaufte sich 1910 in Egern am Tegernsee ein kleines Landhaus, wo er Jahr für Jahr in den Opernferien ausspannte. Und da er sein Leben lang Blumen und Natur so sehr liebte, kaufte er alle umliegenden Wiesen auf und verbrachte viel Zeit damit, einen wunderschönen Garten anzulegen und Hunderte von kleinen und großen Bäumen anzupflanzen. Dazwischen ließ er ländliche Ziehbrunnen und einen Teich graben und plante an vielen Stellen im Garten »Schattenplätze«. Dort waren Tischchen und Stühle gruppiert, damit die ganze Familie bequem den Tag im Freien verbringen konnte.

Und wann immer das Familienoberhaupt ein »déjeuner sur l'herbe« genießen wollte, mußte das Personal Tischtücher, Geschirr, Besteck und unzählige Schüsseln, Platten und Karaffen an den auserwählten Ort bringen. Fest eingewickelt in dicke Schals saß Leo inmitten seiner Familie und verzehrte hier genüßlich eine stattliche Anzahl seiner geliebten Kalbshaxn.

So kalorienreiche Gerichte waren allerdings die Ausnahme, denn der Kammersänger stand mit seiner Figur auf Kriegsfuß, und da Abmagerungskuren während der Spielzeit im Winter zu anstrengend gewesen wären, mußte er in seinem Feriendomizil Diät halten. So wurde das Haus, das von Ludwig Thoma »Stimmritzen-Protzen-Hof« getauft worden war, da er immer sagte, Leo protze mit seinen Stimmritzen, schon bald in »Der Hungerhof« umbenannt.

Der große Mann litt unheimlich unter den kleinen Portionen, die ihm vorgesetzt wurden, aber er fügte sich wohl oder übel, denn als Opernheld mußte er auf seine Körpermaße achten. An manchen Tagen jedoch klagte der Kammersänger schon morgens über Appetitlosigkeit und wollte diese mit einem Spaziergang bekämpfen. Dann konnte man ihn kurz darauf, gegen 10 Uhr, in einem schattigen Wirtshausgarten zufrieden ein Frühstücksgulasch essen sehen.

Einmal im Jahr aber, am 18. August, an seinem Geburtstag, da hatte er absolute »Freßfreiheit«, da durfte er essen, was immer er wollte. Meist labte er sich, natürlich nach einem ausgiebigen ersten und zweiten Frühstück, an Krebsen im selbst angesetzten Biersud, und freute sich dann auf ein knuspriges Spanferkel. Das Spanferkel mußte mit dem Hinterteil voraus aufgetragen werden, denn Leo konnte den vorwurfsvollen Blick nicht ertragen. Darüber hinaus sagte ihm das saftige Fleisch des hinteren Teils auch mehr zu. Als Nachspeise gab es

Marillenknödel, und seine Frau beobachtete jedes Jahr besorgt, welche Mengen ihr Leoschi davon verzehren konnte.

Die restliche Zeit über wurde Leo streng bewacht, damit er seine Diät auch einhielt, und sogar die Köchin mußte achtgeben, daß er in der Küche nicht aus den Töpfen naschte.

Wenn allerdings ein Freund zu Besuch kam, der ein ebensolcher Genießer wie Leo selbst war, dann wurden die Frauen unter einem Vorwand aus dem Hause geschickt. Mit seinem Kollegen, dem Tenor Richard Tauber, der seine Vorliebe für bayrisch-österreichische Küche mit böhmischem Einschlag teilte und dessen Eßgewohnheiten genauso streng überwacht wurden, vertilgte er heimlich, so manche Mehlspeise und die Köchin mußte beide Augen zudrücken.

Leo Slezak ließ den Kopf nicht hängen, er entwickelte aus dieser Not heraus eine neue Vorliebe: er entdeckte frischen Fisch aus dem Tegernsee und Spargel in vielen Variationen für sich. Und nach den Ferien kehrte er schlank und rank an die Oper zurück, eine Tatsache, die so bestechend war, daß er jedes Mal aufs neue dankbar seiner gewissenhaften Elsa recht geben mußte.

1916 ging Leo Slezak an die Wiener Oper zurück. Die ganze Familie fühlte sich schnell wieder in Österreich zu Hause. Sie bezogen im Heinrichshof, einem Wahrzeichen Wiens, eine 15-Zimmer-Wohnung mit Blick auf die Oper. Wann immer Leo sang, mußte das Personal nur aus dem Fenster schauen, ob die Vorstellung schon zu Ende war, und die Leute aus der Oper strömten. Dann konnte das Essen langsam aufgetragen werden, denn genau 14 Minuten später kam der Kammersänger nach Hause, und ging, da jetzt die Hungerzeit vorbei war, sofort in das Speisezimmer, wo reichlich warmes Gulasch und ein leicht angewärmtes Bier auf ihn warteten.

Das Publikum an der Wiener Oper nahm ihn mit offenen Armen wieder auf. Er brillierte nach wie vor, um nur einige seiner Rollen zu nennen, als Othello, Radames, Lohengrin und als Raoul in den Hugenotten. Und seit 1919, seitdem Richard Strauss Direktor der Wiener Oper war, gab es weitere musikalische Höhepunkte: Die beiden neuen Freunde gaben Konzerte, die das verwöhnte Wiener Publikum zum Jubeln brachten.

Zwischen seinen Kollegen stach er aber nicht alleine wegen seiner Stimme, die wie eine Leuchtkugel am Himmel erstrahlte, hervor, sondern sein volksnahes, humorvolles Wesen und seine komödiantische Begabung machten ihn zum absoluten Publikumsliebling. Bei den Proben zu jedem Scherz bereit, trieb er auch auf der Bühne so manchen Schabernack.

Heute noch erzählt man sich in Opernkreisen, wie er einem Bariton der Düsseldorfer Oper einen Streich spielte. Dieser Bariton trug auf der Straße stets Wattepfropfen in den Ohren, da er in ständiger Angst vor Erkältung lebte. Bei den Proben nahm er sie heraus, legte sie auf das Klavier und tat sie nach der Probe zurück in die Ohren. Eines Abends sang dieser Bariton den Propheten Jochanaan in der Oper »Salome«. Kurz vor der Vorstellung gelang es Leo, unbemerkt an den Pappmaché-Kopf des Propheten zu gelangen. Als dieser auf einer Silberplatte aus der Zisterne heraufgereicht wurde, steckte in jedem Ohr ein zehn Zentimeter langer Wattepfropfen. Die Salome und das ganze Orchester bekamen Lachkrämpfe und der Vorhang mußte für einige Minuten fallen.[2]

Leo Slezak ging mit einer unglaublichen Geistesgegenwart auf unvorhergesehene Situationen ein und so mancher seiner Sprüche machte Bühnengeschichte.

Als er einmal, während einer Lohengrinaufführung, vor seinem ersten Auftritt bereit war, in das Boot zu steigen, stand er wild gestikulierend da. Der Bühnenarbeiter mißverstand das als Zeichen und der Schwan fuhr ohne ihn ab. Da meinte Leo trocken, laut vernehmlich: »Wann geht der nächste Schwan?« Dies wurde zur klassischen Opernanekdote.

Viele lustige Geschichten und Anekdoten hat Leo Slezak selbst festgehalten, denn neben seinen Opernauftritten schrieb er humoristische Bücher. 1922 erschien »Meine sämtlichen Werke«, wo er alles gesagt haben wollte, doch das Buch erreichte so hohe Auflagen, daß er 1928 ein zweites folgen ließ. Auch im »Wortbruch« begeisterte er seine Leser wieder mit Geschichten aus seinem Leben und der Oper, womit er auf ungebrochenes Interesse stieß.

Voller Tatendrang und Energie war der Kammersänger stets offen für Neues, er trat in Operetten auf, machte einen Ausflug zum Varieté, sang auf Grammophonplatten, wofür sich seine Stimme besonders gut eignete, und hielt im Radio Lesungen aus seinen beiden Büchern. Und er erfüllte sich seinen Jugendtraum: er eroberte die Leinwand als Charakterkomiker.

Im April 1934 sang Leo Slezak das letzte Mal an der Wiener Staatsoper. Nach einer Vorstellung, in der er als Othello das Publikum buchstäblich mitriß und die Zwischenakte durchapplaudiert wurde, nahm er Abschied, ohne es vorher anzukündigen. Er wollte seine Opernkarriere auf einem derartigen Höhepunkt beenden, er wollte keine Abschiedsvorstellungen und keinen Nachruf, er wollte die Bühne auf der Höhe seines Erfolges verlassen, um niemals in Verlegenheit zu kommen, als alternder Sänger bemitleidet zu werden.

Dieser Abschied wurde ihm allerdings durch seine zweite Karriere erleichtert, in die er sich mit ganzer Kraft stürzte. Er wurde ein bekannter und beliebter Filmkomiker, der bis in die späten 30er Jahre etwa 40 Filme drehte und neben vielen Größen der damaligen Zeit spielte. Mit Hans Moser als ungleiches Duo brachte er das Publikum zum Lachen, und als Wiener Fiaker war er unschlagbar. Er spielte in Filmen, die zu Klassikern wurden, wie neben Zarah Leander in »Es war eine rauschende Ballnacht«, oder den Sultan im ersten deutschen Farbfilm »Münchhausen«.

Oft war er neben der großen Charakterdarstellerin Adele Sandrock zu sehen, und wegen der Gleichheit ihrer Rollen, er war oft der polternde Onkel oder gutmütige Vater, sie die laute Tante oder geduldige Mutter, wurde er im Kollegenkreis nicht selten »Adelerich« genannt.

Seiner Natur gemäß freute er sich am meisten auf Aufnahmen, bei denen gegessen wurde, und oft war nach den Proben, wenn endlich gedreht werden sollte, alles längst verzehrt, denn Leo konnte einfach nicht widerstehen.

So sehr Leo seinen Beruf als Opernsänger geliebt hatte, gewann er der Filmerei viel Gutes ab. Er behielt sich vor, daß er wegen seiner Leibesfülle bemängelt werden dürfe, und so konnte er nun, stets gut gelaunt, das Leben in vollen Zügen genießen. Er konnte essen, was und wieviel er wollte, konnte rauchen soviel er wollte und mußte nicht mehr andauernd vor Erkältungen auf der Hut sein. Lampenfieber wurde zum Fremdwort, und so war er ständig zum Scherzen aufgelegt, was seinen Ruf als Spaßvogel noch verstärkte.

Aus dieser Zeit stammte auch sein drittes Buch, der »Rückfall«, das 1940 erschien, und in dem er seine Leser mit vielen Geschichten um und aus den Filmateliers erfreute.

Mit Beginn des Zweiten Weltkrieges zog Leo Slezak mit seiner Frau nach Egern in sein geliebtes Blumenhäusel, wo er seit 1910 fast jeden Sommer verbrachte. Nirgendwo fühlte er sich so zu

Hause wie hier am Tegernsee, hier fand er Jahr für Jahr eine Insel der Ruhe und Erholung, hier war sein eigentliches Zuhause.

Als er einmal gefragt wurde, wo es am schönsten auf der Welt sei, da antwortete er: »Mein kleines Haus am Tegernsee ist schöner als Venedig, Salzburg, San Franzisko und Hollywood zusammengenommen. Ich habe die ganze Welt gesehen und Schönes besichtigt, aber schöner als der Markusplatz und der Prater und die Havelseen ist mein Zimmer, wo mein Kanari herumfliegt, sich auf meinen Kopf setzt, in meinem Trinkwasser badet und meine kostbaren Manuskripte bespritzt. Wo mein Paperl sein ganzes Repertoire aufsagt: ›Gute Lora – brave Lora, Papagei, guten Morgen!‹ Meine geliebten vier Wände, die mir das Gefühl unbedingten Geborgenseins geben. Fremde Länder und Städte sind köstlich, der Erfolg und der Applaus sind herrlich, aber nichts ist so schöne Musik wie das Rauschen des Windes in ›meinen Bäumen‹, wie das beglückte Bellen meiner Hunde und das Zwitschern der Vögel in meinem Garten. Gewiß – es ist überall schön in der Welt. Aber daheim ist und bleibt es am schönsten!«

Und in dieser vertrauten Umgebung wollte er, mit seiner Elsa, getrennt vom Sohn, der am Broadway engagiert war, aber bald von Tochter und Schwiegersohn umsorgt, den Krieg abwarten.

Obwohl er sehr gegen diesen Krieg eingestellt war und das sinnlose Unheil nicht verstehen konnte, verlor er seinen Lebensmut nicht und versuchte die Tatsache, daß Hitler von seiner Tochter Margarete als Künstlerin fasziniert war, auszunützen, um so zahlreichen jüdischen Freunden zu helfen. Er sorgte auf diese Weise dafür – was einer der wenigen Fälle in der deutschen Kriegsgeschichte ist –, daß ein jüdisches Künstlerpaar in die USA emigrieren und ihr Hab und Gut ins Ausland mitnehmen konnte.

Für viele seiner Freunde setzte er sich ein und versuchte zu helfen, wo immer er konnte.

Leo Slezak selbst und seine Familie waren in Egern keiner direkten Gefahr ausgesetzt, aber er litt sehr unter den Einschränkungen, die dieser Krieg mit sich brachte. Sarkastisch schrieb er seinem Sohn nach Amerika: »Unser glorreicher Führer hat unsere Wirtschaft so weise geplant, daß wir auf eine völlig fettfreie Diät gesetzt sind. Neue Kleidung zu kaufen gilt als abträglich für den Krieg und als Verrat am Vaterland. Deshalb habe ich, um dem herrlichen Führer nicht in den Rücken zu fallen, beschlossen, in meinen alten Kleidern herumzulaufen. Jedesmal, wenn ich auf der Straße erscheine, erweckt mein Anblick Heiterkeit und Freude, denn bis jetzt habe ich bereits 115 Pfund abgenommen.«

Seinen Zusammenbruch erlebte Leo Slezak, als 1944 seine über alles geliebte Frau an einem Leberleiden starb. Nach einiger Zeit raffte er sich zwar noch einmal auf, aber er wartete schon darauf, daß er ihr bald zu einem endgültigen Zusammensein in die Ewigkeit folgen darf.

In diesem Sinne machte er noch einmal Aufzeichnungen, die ihr, seiner geliebten Liesi, gewidmet sind, und legte damit den Grundstein für sein viertes Buch »Mein Lebensmärchen«, das nach seinem Tode von seiner Tochter Margarete zu Ende geschrieben wurde.

Am 1. Juni 1946 starb Leo Slezak und wurde neben seiner Frau auf dem Egerner Friedhof mit Blick auf sein Blumenhäusel begraben. In den Grabstein sind die letzten Zeilen des von Liszt vertonten Redwitz-Gedichtes gemeißelt, das er so oft für seine geliebte Frau gesungen hatte:

> »Vom ersten Kuß bis in den Tod
> sich nur von Liebe sagen!–«

Leo Slezak ist über seinen Tod hinaus in den Herzen vieler Menschen. Seine Bücher, unzählige Platten und die vielen Filme halten den österreichischen Caruso lebendig. Und auch seine Kinder sorgten dafür, daß ihr Vater nicht in Vergessenheit geriet.

Walter Slezak gab den Briefwechsel zwischen Vater und Sohn »Mein geliebter Bub« heraus, der viel Einblick in die letzten Jahre in Egern gibt. In seinem zweiten Buch »Wann geht der nächste Schwan« erzählt der amerikanische Stummfilm- und Broadwaystar viele Anekdoten aus dem Leben seines Vaters.

Auch Margarete Slezak lebte in seinem Andenken. Nachdem sie »Mein Lebensmärchen« vollendet hatte, schrieb sie das Buch »Der Apfel fällt nicht weit vom Stamm«, in dem sie ihr bewegtes Leben an der Seite ihres berühmten Vaters schildert.

Und sie richtete mit ihrem Ehemann, dem Tenor Peter Winter, das Slezak-Museum ein, ein Privatmuseum, in dem viele Erinnerungsstücke an Leo Slezak ausgestellt wurden.

Margarete Slezak starb noch jung, und ihre Tochter Helga war, nachdem der Dachstuhl des Hauses 1953 abbrannte, nicht mehr in der Lage, das Museum weiterzuführen. Und so verwandelte Leos Enkelin, seine Zuckermaus, das Museum in eine Weinstube, in der auch weiterhin vieles an ihren bekannten Großvater errinnerte.

Wegen Erbschaftsstreitigkeiten und Geldnot wurden die Erinnerungsstücke in alle Welt zerstreut, das Haus wurde verkauft und das große Parkgrundstück zerteilt. Helga Kucklick zog mit ihrer Familie weg vom Tegernsee.

Aus der Weinstube wurde ein Café, und seit einigen Jahren ist noch ein Restaurant und ein kleiner, gemütlicher Hotelbetrieb dazugekommen.

Das Andenken an Leo Slezak wird aber noch immer hochgehalten, die Wände sind mit Photographien aus seiner Opern- und Filmzeit geschmückt und seine Bücher stehen zum Schmökern bereit. Man kann in seinem Schlafzimmer, dem Slezakzimmer, wohnen, und in seinem Arbeitszimmer, der Zirbelholzstube, in der er seine Bücher geschrieben hat, speisen.

Und auch die Küche steht in der Tradition von dem Manne, der sich und seine »Wohlleiblichkeit« stets fröhlich aus der Affäre zog, indem er bemerkte, ihn habe Shakespeare vorausgeahnt, als er sagte: »Laßt wohlbeleibte Männer um mich sein«, sie ist vielseitig und abwechslungsreich. Das Schwergewicht liegt auf der bayrischen Küche, die Leo Slezak so sehr geliebt hat, angefangen von bürgerlicher Küche bis hin zu regionalen Spezialitäten. Österreichische Schmankerl werden nicht vergessen, und, was natürlich im »Hungerhof« nicht fehlen darf, ist leichte Küche. So ist für jeden etwas dabei, wer mag und darf, kann Mehlspeisen schlemmen, und wer, wie Leo selbst so manches Mal, mit seiner Figur nicht ganz zufrieden ist, kann sich an einer leichten Mahlzeit erfreuen.

Und für alle Freunde von Leo Slezak hat der Küchenchef des Hauses, Heinz Aichbauer, die schönsten Rezepte zusammengestellt, wobei der »Herr des Hauses« immer wieder zu Wort kommt.

Aber vor dem kulinarischen Teil soll erst einmal der Herr Kammersänger in seiner unnachahmlichen, liebenswürdigen Art ein bißchen von seinem Herrgottswinkel am Tegernsee erzählen:

Tegernsee

Tegernsee! –

Welch einen Zauberklang birgt für mich dieses eine Wort.

Es bedeutet restlose Freude, Abfallen aller Erdenschwere und jubelnde Erfüllung monatelanger Sehnsucht.

Der erste Ferialtag. – Nicht daran denken müssen, was man alles für Berufssorgen vor sich hat – es geht heim, in mein hölzernes Häusel am wunderschönen blauen Tegernsee.

Ich will dich, mein lieber Leser, dahin führen und dir seine Reize schildern, damit du dieses entzückende Fleckchen Erde auch lieben lernst.

Wenn du in München am Hauptbahnhof ankommst, so mußt du zum Holzkirchener Bahnhof gehen, der zur Bequemlichkeit des Publikums einige Kilometer entfernt ist.

Früher ging der Zug vom Hauptbahnhof ab. – Die praktische Neuerung wurde getroffen, damit der liebe Reisende, der mit seinem ganzen Gepäck über die Straße muß, den Anschluß versäumt.

Es existiert zwar ein direkter Perron, der die beiden Bahnhöfe verbindet, dessen Benützung ist aber, einem weisen Ratschlusse zufolge, verboten.

Deshalb bist du in der Lage, einige Stunden warten zu dürfen, die du benützen kannst, um zum Franziskaner zu gehen, wo man dir so lange Weißwürste, Bratwürste, Schweinswürste oder Geschwollene bringt, bis du Halt gebietest.

Eine Weißwurst zu beschreiben, bin ich nicht imstande, weil die deutsche Sprache zu arm ist, um diese Fülle von Wonne erschöpfend zu schildern.

Eine Weißwurst ist etwas Überirdisches und kann stundenlang gegessen werden.

Es gibt Leute, die Kalbfleischbratwürste vorziehen. – Für diese habe ich nur ein überlegenes Lächeln.

Wieder andere lieben Schweinswürste, auch die bemitleide ich aus tiefstem Herzensgrunde.

Und was gar die Geschwollenen anlangt, so bin ich der Anschauung, daß sie im Vergleich zur Weißwurst einfach einer Niederlage gleichkommen.

Es existieren Menschen, die zur Weißwurst Senf, manche, die viel Senf nehmen. – Das sind Unwissende. – Ich esse sie mit Salz!

Wenn du am Holzkirchener Bahnhof eine Stunde vor Abgang des Zuges ankommst, so gehe an die Sperre, wo schon viele Menschen stehen, die lange vor dir da waren.

Besonders an Samstagen ist es dort sehr angenehm. Es gibt ein wunderschönes Gedränge, und wenn du das Glück hast, jemanden nur leicht anzustoßen, hast du Gelegenheit, allerlei Abarten von Grobheiten kennenzulernen, die du nie im Leben vermutet hättest.

Die Reize und Mannigfaltigkeiten der bayrischen Sprache setzen dich in frenetisches Erstaunen.

Du stehst da, hast auf dem Magen den Rucksack irgendeines Kleineren, der vor dir steht, liegen, der sich durch die Nachschiebenden immer mehr und mehr in deinen Leib bohrt, so lange, bis dir die Luft ausgeht.

Du siehst Vereine mit Fahnen, auf denen die sinnigsten Namen stehen. – Ich erlebte einen Trupp junger Leute, die sich die »Grüabigen«, das heißt die gemütlichen Floßfahrer, nannten. – Auch sah ich eine Tafel, auf der in großen Lettern »die zünftigen Gipfelstürmer« stand.

Um sich gegenseitig bemerkbar zu machen, erfüllen sie die Luft mit gellenden Pfiffen.

»Do sa ma! – Hergott sakra – Vitus, doher!«

Die grüabigen Floßfahrer schieben sich unter allgemeinem Protest durch die Menge und stoßen die Leute beiseite, was erquickende Schimpforgien auslößt. –

– Wenn man das Bestreben hat, bei solchem Gedränge nach vorwärts zu kommen, um als erster an der Sperre zu sein, so ist anzuraten, die Ellenbogen ein wenig zur Seite zu stemmen und mit den Knien nach vorwärts zu schieben. Unter normalen Umständen dürfte einem dieses Vorgehen einige ziemlich schwere Körperverletzungen eintragen. – Um diese zu vermeiden, drehe man sich wütend um und sage im schärfsten Tone: »Ach bitte, drängen Sie doch nicht so!!« – Im Nu steht man an der Sperre. –

Gegen diverse Wutschreie darf man allerdings nicht allzu empfindlich sein. –

Wenn dann, zwanzig Minuten vor der Abfahrt, der Schaffner kommt und die Pforte öffnet, entledige man sich seines Vordermannes dadurch, daß man ihm mittelkräftig auf die Füße tritt. Dann ist mit Sicherheit anzunehmen, daß er beim Rennen in die Waggons nicht mehr so recht mitkann. – Ein nicht zu unterschätzender Vorteil.

Wenn ich jemandem auf den Fuß trete, so erscheint er am nächsten Samstag schon mit einer Prothese.

Bist du einmal im Coupé, so kann dir nichts mehr geschehen.

Du sitzt und wartest.

Draußen hörst du Pfeifen, Schreien, Johlen, siehst, wie sich die lieben Mitmenschen gegenseitig die Kleider vom Leibe reißen und mit Rucksäcken, Bergstöcken und Regenschirmen verwunden.

Das dauert so lange, bis der erste Anprall vorüber ist, dann kommt die Zeit der Abfahrt.

Erst wird gepfiffen, dann wird geblasen.

Der Schaffner schreit: »Ja no, so steigen S'do ein, mir fahrn glei!«

Dann läßt die Lokomotive ihren halben Dampf aus, was ebenfalls mit sehr starkem Geräusch verbunden ist. Der Zugführer bläst abermals, brüllt: »Fertig!« und nach weiteren siebzehn Pfiffen und hin und her fliegenden Verbalinjurien, die sich mit Zieharmonikaklängen vermählen, setzt sich der Zug, um eine halbe Stunde später als er es beabsichtigte, in Bewegung.

Die Reisenden stehen einer an den anderen derart gedrängt, daß sie sich lebhaft in die Empfindungen einer Ölsardine hineindenken können.

In den Gängen, auf den Trittbrettern, ja sogar auf den Waggondächern sitzen einige akrobatisch Veranlagte. Auch für die Puffer zwischen den Waggons finden sich Liebhaber.

Der Zug dampft aus der Halle, und die Fahrt beginnt.

Endlos. – Alle zehn Minuten wird eine Pause gemacht. Man hat Gelegenheit, die Gegend kennenzulernen und sich die landschaftlichen Reize einzuprägen.

Über Holzkirchen kommt man sehr allmählich nach Schaftlach, wo sich die Bahn nach Tölz teilt.

Der Tegernseer Zug bekommt eine neue Lokomotive. Böse Sommerausflügler nennen sie lieblos eine Kaffeemühle. Die Zweigbahn Schaftlach – Tegernsee hat deren drei. Diese heißen:

Galilei. (Und sie bewegt sich doch!)

Luther. (Hier stehe ich, ich kann nicht anders, Gott helfe mir!) Und:

Isolani. (Spät kommt Ihr, doch Ihr kommt!)

Die Entfernung von Schaftlach nach Tegernsee beträgt nach dem Fahrplan 36 Minuten. Auf dieser Strecke wird mit peinlicher Pünktlichkeit stets eine Verspätung von dreiviertel Stunden erreicht.

Man wird vorerst eine halbe Stunde hin und her geschoben.

Die Vermutung, daß man bereits fahre, ist irrig. – Wenn man aber wähnt, »ach, der verschiebt noch lange«, und aussteigt, um ein bißchen Luft zu schnappen, so kann man sicher sein, daß der Zug fortfährt. – Also sei diesbezüglich Vorsicht am Platz.

Besonders Schaftlach ist in dieser Hinsicht gefährlich.

Hinter Moosrain kommt plötzlich der herrliche Tegernsee in Sicht, und wenn der Zug aus dem Walde tritt, liegt er vor uns in seiner smaragdgrünlichen Bläue, umrahmt von den lieblichen Bergen und seinen freundlichen Ufern.

Der Wallberg steht majestätisch da, der Hirschberg, Kühzagel, Riederstein, Neureuth, Ringberg – ganz im Hintergrunde das wunderliebe Egern – wie eine Theaterkulisse mit seinem spitzigen Kirchturm.

Ein herzerquickendes Bild. – Du bist für all die Mühsal der beschwerlichen Reise, die fast vier Stunden dauerte, reichlich entschädigt.

All der Zauber des lieblichen Tegernseer Tales nimmt dich gefangen – die Brust weitet sich, und du hast ein wonniges, beglückendes Gefühl, als ob du ein schönes Geschenk bekommen hättest.

In der Station Tegernsee drängt und schiebt sich alles aus den Waggons.

Wenn du weise bist, lässest du den Strom an dir vorüber – in einigen Minuten ist der Wirrwarr gelöst – und du gehst langsam und bedächtig durch den netten Ort, über den Leeberg zur Überfahrt.

Wo der See am schmalsten ist und sich in zwei Teile teilt, den Egerer See und den großen See, fährt eine Fähre hin und her, die dich ans andere Ufer nach Egern bringt.

Der Blick von der Höhe des Parapluie-Berges hinunter zum See, auf das Dörfchen und in die Kreuther Berge hinein, gehört zu dem Lieblichsten, was ich kenne.

Unten an der Fähre erwartet dich ein Mann – Hartel mit Namen. Den wollen wir uns einmal näher besehen.

Er ist noch einer vom altbayrischen Schlag – ein Original. Saugrob und von einem geradezu gottbegnadeten Mutterwitz.

Seine Aussprüche werden von vielen gesammelt, die, um ihn so recht zu genießen, planlos ungezählte Male hin und her fahren.

Ich bin mit Hartel sehr befreundet. Mir begegnet er mit sichtlichem Wohlwollen, mit mir spricht er über all die Leiden und

Qualen, die er mit »die damischen Summafrischla« hat. Mich betrachtet er als einen der Seinen, weil ich in seiner Mundart mit ihm zu reden verstehe und mit hie und da verabreichten Zigarren seine Zunge zu lösen weiß.

Eines Tages war er sehr aufgebracht über die Grobheit, die in Bayern im allgemeinen und auf der Bahn im besonderen herrscht.

»Wissens, Herr Kammersänger, aber fei grob sein d'Leut schon z'Minka. – Da frag i, wia i drent war, an Schaffner: Du sag amal, hast net a vierte Klass auf Tegernsee, wori net fuchzgmal umsteigen muaß? – Sagt mir der ausgschamte, ungebildete Lackel: ›Balds dir net recht is – saudummes Bauernluada – nacha gehst halt z'Fuaß!‹ Sag i: ›Ungehobelter Mensch, erstens gieb i dir koa Bauernluada ab und a saudumms erst recht gar nit – und balds mir pressiert, geh i z'Fuaß – heut hab i Zeit –, da sitz i auf!‹«

Auf die Weiberleut hatte er es besonders scharf, und wenn so ein weiblicher Sommergast, als spanisches Torerodirndl gekleidet, zu ihm ins Boot stieg, konnte er sich nicht enthalten, über »die ekelhafte Maschkeradi« irgendeine Bemerkung zu machen, die an Deutlichkeit nichts zu wünschen übrigließ.

Zu Beginn des Krieges, wo all und überall eine krankhafte Spionenfurcht einsetzte und jeder Unbekannte für einen Spion gehalten wurde, saß in Hartels Fähre ein älterer Herr mit einem schwarzen Vollbart, der still und in sich gekehrt die Gegend ansah.

Plötzlich hörte Hartel zu rudern auf, stieß den Herrn mit seiner Pfeife an und sagte: »Du! – hörst!! – Schwatz mal eppes, du kommst mir so russisch für!«

Es stellte sich heraus, daß es ein höherer Beamter der Regierung war, und Hartel entschuldigte sich folgendermaßen: »Woaßt – du hast halt a so a Schlawinerg'schau und hast's Maul net zum Reden aufg'macht, da kannst dir leicht denken, daß ma di für an Spion halt. – Von dene Luadan san gnua da, weils unser Kriegführn abspicken möchten. Bald i aber an derwisch, schlag i eam erscht's Kreiz ab und nacha schmeiß i eam in See, den Bazi!«

Rührend gut war er zu seiner Mutter, einer fünfundachtzigjährigen Matrone, die immer still an einem Ufer saß, um ihren Hartel zu sehen.

Oft und lange habe ich mich mit der alten Frau unterhalten, die des Lobes über ihren Sohn nicht genug sagen konnte.

»D'Leut sagn, der Hartel is grob – aber guat – guat is er, mei Bua.«

Wenn so recht vergnügte Sommerausflügler unseren Hartel verulken wollten, dann kamen sie bei ihm sehr übel an.

Die größte Schnauze verlor die Gesprächsverbindung in der kurzen Strecke von einem Ufer zum anderen.

Einmal fragte ein Herr: »Na, Sie sind wohl der Laubfrosch hier? – Sagen Se mal, wat jiebts denn morgen für'n Wetter?«

Prompt erwiderte Hartel: »Wannst morgen in der Fruah deine Kalbsgluarn aufmachst, nacha werst es scho sehn!«

Die Berge waren ganz verschneit. Da fragte ein Neugieriger: »Ach, sagen Se mal, verehrter Gondolier, det is wohl Schnee da oben?«

»Na, Schokoladi is, blöd's G'frag!«

Ein Herr in ganz funkelnagelneuer Gebirgsuniform steckte die Hand ins Wasser und meinte, daß es warm wäre.

»Ja« – sagte Hartel – »morgen hamma g'sottene Preißen, kannst mitfressen!«

Allerdings hat Hartel auch einmal seinen Meister gefunden.

Als er eines Tages, besonders übel gelaunt, eine Fähre übersetzte und dabei ohne jede Pause räsonierte, stand ein Holzknecht aus Scharling auf und hielt an Hartel folgende Ansprache:

»Hergott sakra, hundshäutener Lackel, balds jetzt dein Maul nöt halst – dein ausgschamtes – und mit dein Schimpfen nöt aufhörst, du Rammel, du gescheerter, na sauf i dir dö Lacken aus und du kannst dein Karren im Dräg umeinanderziagn, du spinneta Teifel, du spinneta!«

Hartel hielt auf diese Rede dem Manne die Hand hin und stammelte begeistert: »Du bist mein Freind – mein Spezi – du g'freust mi!«

– – – Wenn du nun mit der Fähre den See übersetzt hast und gehst einige Meter, so stehst du vor einem kleinen Holzhause, das mit Blumen derart übersät ist, daß es dir wie ein Blumenstrauß erscheint.

Das ist mein Häuserl, mein Blumenschloß, das ich nicht gegen alle Paläste der Welt eintauschen wollte.

Ein zweihundert Jahre altes Bauernhaus, das ich so ließ, wie es war – nur alle morschen Balken gegen neue vertauschte und ganz nach meinem Empfinden ummodelte.

Als ich dem Baumeister meinen Entschluß bekanntgab, das Häuschen umbauen zu lassen, und zwar so, daß nichts an seinem

Stil verändert werde, wehrte er sich mit allen Mitteln und riet mir, die alte Hütte wegzureißen und eine nette Villa hinzubauen.

Ich ließ nicht locker, setzte mich mit ihm zusammen, aus dem Stall und dem Heuboden wurden Zimmer und Räume hervorgezaubert, und als es fertig war, war er selber erstaunt, wie schön es geworden ist.

In mein Gästebuch schrieb er mir aber doch:

»Wenn oana a Geld hat und is recht saudumm,
Dann kaft er a alts Haus und bauts nacha um.« –

Aus allen Gegenden haben wir uns Hausrat zusammengetragen und allerlei Altertümer von Ausflügen mitgebracht. Jedes Stückel ist mit unschilderbarer Freude ausgesucht, besprochen und beraten worden.

Die Bauernstube aus Zirbelholz, so niedrig geblieben wie sie war, der Herrgott aus Oberammergau im Tischwinkel, von Efeu umgeben, der Ahorntisch, eine Bank um die ganze Stube herum und der alte Kachelofen, der dem Ganzen eine Molligkeit gibt, die einen Paroxysmus von Wohlbehagen auslöst...

Sechs Hunde, drei Katzen, ein Paperl, meine Frau und die Kinder beleben das Ganze und vergrößern die Seligkeit.

Vor dem Hause ein Bauerngarten mit einem Durcheinander von perennierenden Blumen in allen Farben und Arten, eine die andere ablösend, so, daß der Flor niemals ausgeht. Anschließend ein großer Garten, den ich mir aus einer Wiese schuf, mit all den lieben Freunden, den Bäumen und Sträuchern, die ich mir selbst setzte.

– Unsere Berge haben ja keinen überwältigenden, wildromantischen Charakter, aber sie umrahmen lieblich das Bild unseres schönen Tegernsees. Es gibt sogar Leute, die sie besteigen.

Die Sommergäste, die unsere Gegend bevölkern, sind mitunter sehr nett – mitunter wieder weniger.

Seit einigen Jahren hat sich das Tragen von Maskenballkostümen derart eingebürgert, daß man oft der Meinung ist, es würde ein wildbewegter Film gedreht.

Wie sich die Damen, die doch sonst so eitel sind, manchmal herrichten, um ja recht bäuerlich zu erscheinen, ist geradezu unerklärlich.

Da kommt eine Carmen um die Ecke, eine gemachte Blume im Munde und einen spanischen Schal um den Leib geschlungen. – Selbstverständlich fehlen die dazugehörigen andalusischen Schlangenbewegungen nicht und das damit verbundene südlich sündliche Augenrollen. Starkes Sächseln belehrt uns jedoch, daß hier von Andalusien keine Rede sein kann.

Auch Zipfelmützen sind an der Tagesordnung, die, im Verein mit knallgrünen Spenzern und feuerroten Bändern, Unruhe in unser liebes Tal bringen.

Unheimliche Verkleidungen und die hirnrissigsten Trachtenzusammenstellungen greifen um sich und ganz ängstlich verbirgt sich ein wirkliches, echtes Dirndel vor dem schreienden Unrecht.

Auch die aus dem Norden kommenden Herren leisten sich Erstaunliches an sogenannter »Gebirgstracht«.

Zuerst einmal tragen sie eine funkelnagelneue Imitationslederhose – mit Stickerei überladen und mit Bändern geschmückt, dazu giftgrüne Hosenträger mit sinnigen Inschriften, wie »G'sund sa ma!« oder auch »Lusti sa ma!«, und zu alledem ein elegantes, farbiges Hemd mit einem Stehkragen und einer hochmodernen Krawatte. Ein blaues Leinwandbauernröckel und ein smarter Girardihut geben dem Gebirgler den Abschluß.

Um die gestickte Inschrift auf den Hosenträgern ins rechte Licht zu setzen, juchzen sie unvermittelt auf der Straße und erschrecken damit ihre Umgebung.

Die Eingeborenen haben für diese Sommerfrischler einen Sammelnamen: »Dös san Preißen!«

Lärmend und in großen Rudeln treten sie auf, ziehen die Fröhlichkeit bei den Haaren herbei und gehen mit Eispickel und Seilen herum, trotzdem man diese Behelfe in unserer Gegend nirgends gebrauchen kann. Am See gebärden sie sich aus lauter »Lusti sa ma!« wie wilde Völkerstämme und belästigen die ganze Gegend mit weithinschallenden »Hollallalaiti!«, so daß man oft in Versuchung kommt, scharf zu schießen…

– – Viele Jahre sind nun schon vergangen, daß ich alljährlich an den Tegernsee komme. Meine Kinder sind mit all den hiesigen Bauernkindern groß geworden, und die Jugendfreundschaft hat sich in aller Innigkeit erhalten…

– – – In diesen langen Jahren bin ich drei Menschen begegnet, die ich sehr liebgewonnen habe und deren Verlust eine arge Lücke in mein Leben am Tegernsee riß: Dr. Georg Hirth, Dr. Ludwig Ganghofer und der vor einigen Jahren heimgegangene Dr. Ludwig Thoma…

Als vor Jahren mein Landhäuschen eingeweiht wurde, schrieb er, Ludwig Thoma, mir folgenden Filserbrief in mein Gästebuch:

Egern, am 16. August 1911

An hern läo Schläsack dahier!

Mei lieber freind, indem das ich jez dißes Hauß kehne, lohbe ich es und bald es auch ein wäng klein ist, dadurch daß sie inen ieren Gobf iberahl anränen machdes nichz, indem das sie mit dem Gobf nicht arbeiden missen, sontern blos siengen und eine beile auf dem Hiern scheniert ihnen in singen nicht.

Mein lieber freind, dadurch das ich auch ienen gesähen habe, muß ich schon sahgen, das ich noch nichdso fil Fleusch bemerkt hawe als wie bei ienen und es ist für ienen schon gut das mir keine menschenfresser nichd hawen sonzt klaube ich nichd, das man ienen herumlaufen laßt, sondern fahngen und sälchen.

Disses ist ein glick fir ienen und mechten sie auch noch ville jare in dissem Hause läben und bewuhndert von ahlen leiten, wo sich auf das siengen auskehnen und von ahle Leite, wo sich auf das Fleusch auskehnen. Dieses winscht ier lieber freind

Josef Filser

»bosdschgribdumm!«
Wieviel wagen sie? – ich hab geschätzt auf zwei Zentner läbend Gewicht.

Leo Slezak und seine Frau Elsa
...und Freud und Leid und Glück und Not so miteinander tragen.
Vom ersten Kuß bis in den Tod sich nur von Liebe sagen.

Leo Slezak mit seinen Kindern Margarete und Walter vor seinem Blumenhäusel.

Während der gesamten Opernspielzeit träumte Leo Slezak von seiner Lieblingsbekleidung: der kurzen Lederhose mit gestickten Hosenträgern.

*Ludwig Thoma und Leo Slezak verband eine tiefe Freundschaft.
Jeden Sommer, wenn Slezak in Egern weilte, war Ludwig Thoma ein gern- und oftgesehener Gast.
Und manchmal ging es nach nebenan ins Gasthaus Überfahrt, zu Vater Höss, wo dann ein fröhlicher
Tarock gespielt wurde.*

Ein gemütlicher Nachmittag im Garten mit Ludwig Ganghofer und Ludwig Thoma.

Leo Slezak im Kreis der Schauspieler vom Tegernseer Bauerntheater.

Das Frühstück, recht oft »– Déjeuner –« zu nennen...

Gebratenes Hühnerbrüstchen auf Sellerie-Früchtesalat

1 Tl Salz
2 Messerspitzen Pfeffer
1 Messerspitze Paprikapulver, edelsüß
4 Hühnerbrüstchen, ohne Haut und Knochen
1 El Öl

Küchenkrepp

Salz, Pfeffer und Paprikapulver vermischen.
Die Hühnerbrüstchen waschen, mit Küchenkrepp trockentupfen und mit der Gewürzmischung einreiben. Im heißen Öl anbraten, die Temperatur reduzieren und bei mittlerer Hitze etwa 15 Minuten garen. Dabei mehrmals wenden.
Aus der Pfanne nehmen und abkühlen lassen.

Für den Sellerie-Früchtesalat:
1 mittelgroße Sellerieknolle
1 kleiner Apfel (Boskop)
Saft einer halben Zitrone
1 Mandarine
1 Babyananas
2 El flüssige Sahne
2 El Mayonnaise
Zum Abschmecken: Salz, Pfeffer aus der Mühle, Worcestershiresauce

Von den Früchten jeweils einige Stücke zum Garnieren beiseite stellen.
Den Sellerie schälen, waschen und erst in sehr feine Scheiben, dann in dünne Streifen schneiden. Den Apfel schälen, vierteln und das Gehäuse rausschneiden. Die Viertel in Scheiben schneiden und mit den Selleriestreifen in eine Schüssel geben. Mit Zitronensaft beträufeln und gut vermengen, so daß die Apfel- und Selleriestückchen nicht braun werden.

Die Mandarine schälen, die weißen Fäden gründlich entfernen, und in Spalten zerteilen. Die Babyananas schälen, vierteln, den Strunk rausschneiden, und kleinwürfeln.
Das Obst zum Sellerie geben und gut vermischen.
Sahne und Mayonnaise darübergeben und mit Salz, Pfeffer und Worcestershiresauce abschmecken. Vorsichtig verrühren, so daß die Früchte nicht zerdrückt werden.
Den Salat auf großen Tellern anrichten.

Die abgekühlten Hühnerbrüstchen in dünne, schräge Streifen schneiden und auf den Selleriesalat legen. Mit Fruchtstückchen garnieren. Baguette oder Toast und Butter dazu reichen.

* * *

Slezak-Sandwich

4 Hühnerbrüstchen, je 70 g
Salz
Pfeffer aus der Mühle
1 El Butter
8 Scheiben geräuchertes Wammerl
8 Scheiben Toast
2 El Mayonnaise
4 Salatblätter
8 Tomatenscheiben

Die Hühnerbrüstchen mit Salz und Pfeffer würzen. In geschmolzener Butter etwa 10 Minuten garen. Dabei mehrmals wenden. Aus der Pfanne nehmen, in ca. 2 cm breite, schräge Streifen schneiden und warmstellen.
Den Speck in derselben Pfanne ohne weitere Fettzugabe auf beiden Seiten anbraten.
Das Toastbrot toasten und vier Scheiben jeweils auf einer Seite mit Mayonnaise bestreichen. Mit Salatblättern und den Hühnerbrüstchen belegen, die Speck- und Tomatenscheiben darauf verteilen und mit dem restlichen Toastbrot zudecken.
Sofort servieren.

Ragout fin

1 kleine Zwiebel
1 Lorbeerblatt
4 Nelken
1 l Wasser
1 Tl Salz
200 g Kalbfleisch
200 g Hühnerbrust
$\frac{1}{4}$ l trockener Weißwein
100 g Champignons
20 g Butter
40 g Mehl
75 g Crème fraîche
Zum Abschmecken: Salz, Pfeffer aus der Mühle, Worcestershiresauce

Die Zwiebel schälen und mit dem Lorbeerblatt und den Nelken spicken. Salzwasser in einem großen Topf zum Kochen bringen.
Das Kalbfleisch, die Hühnerbrust, die gespickte Zwiebel und den Weißwein in das Wasser geben und etwa 45 Minuten bei mittlerer Hitze kochen bis das Fleisch gar ist.
Währenddessen die Champignons putzen, waschen und in Scheiben schneiden.
Das Fleisch und die Zwiebel aus dem Sud nehmen. Das Fleisch etwas abkühlen lassen und in ca. 1 cm große Würfel schneiden.
Butter mit Mehl verkneten und stückchenweise in den Sud rühren bis er schön sämig ist.
Die Champignons und die Fleischwürfel in den Topf geben und kurz aufkochen lassen.
Vom Herd nehmen und langsam Crème fraîche einrühren.
Mit Salz, Pfeffer und Worcestershiresauce abschmecken und mit Reis anrichten.

✼ ✼ ✼

Frühstücksragout

300 g Kalbsschulter, in 2 cm große Würfel geschnitten
$\frac{1}{2}$ l Wasser
$\frac{1}{8}$ l trockener Weißwein
1 gestrichener Tl Salz
150 g Champignons
100 g Muschelfleisch
100 g Shrimps
4 El flüssige Sahne
2 Eigelb
1 El Mehl
Zum Abschmecken: Salz, Pfeffer aus der Mühle, etwas Zitronensaft, Worcestershiresauce

Das Kalbfleisch in einem Topf mit Wasser, Weißwein und Salz 30–40 Minuten zugedeckt bei mittlerer Hitze garen.
Die Champignons putzen, waschen und in feine Scheiben schneiden. Mit dem Muschelfleisch und den Shrimps zum Fleisch geben und kurz aufkochen lassen.
Sahne, Eigelb und Mehl in einer Schüssel glattrühren und langsam in das Ragout rühren, bis die Sauce sämig ist. Mit Salz, Pfeffer, Zitronensaft und Worcestershiresauce abschmecken.
Dazu Baguette oder Weißbrot reichen.

✼ ✼ ✼

Zwiebelkuchen

Für 8 Personen

<u>Für den Teig:</u>
125 g Butter
250 g Weizenmehl
$\frac{1}{2}$ Tl Salz
4 El kaltes Wasser

Eine Springform von 24 cm Durchmesser
Das Ofenrohr auf 180 Grad vorheizen

Die Butter zu Flocken hobeln.
Butterflocken, Mehl, Salz und Wasser in einer Schüssel so lange verkneten, bis ein glatter Teig entsteht. Eine Stunde zugedeckt kalt stellen.

<u>Für den Belag:</u>
2 mittelgroße Zwiebeln
1 kleine Stange Lauch
1 Bund Petersilie
150 g geräuchertes Wammerl, in kleine Würfel geschnitten
1 El Butter
$\frac{1}{2}$ Tl Salz
1 Messerspitze Pfeffer
$\frac{1}{2}$ Messerspitze gemahlene Muskatnuß

Die Zwiebeln schälen, vierteln und in Scheiben schneiden. Den Lauch halbieren, waschen und in Scheiben schneiden. Petersilie waschen, harte Stiele entfernen, und kleinhacken.
Das Wammerl, den Lauch und die Zwiebeln in geschmolzener Butter glasig dünsten. Mit Salz, Pfeffer und etwas Muskat würzen und die Petersilie darüberstreuen. Gut verrühren, vom Herd nehmen und abkühlen lassen.

Butter für die Form
Mehl zum Ausrollen
250 g flüssige Sahne
3 Eier

Die Springform einfetten.
Den Teig auf einer bemehlten Fläche ausrollen. Erst den Boden der Form auslegen, dann mit dem restlichen Teig den Rand formen.
Die Sahne mit den Eiern gut verquirlen und unter die abgekühlte Zwiebelmasse mischen.
Den Belag gleichmäßig auf dem Teig verteilen und im vorgeheizten Rohr 35–40 Minuten goldgelb backen.
Der Zwiebelkuchen schmeckt am besten warm.

Malerwinkelteller

800 g Schweinefilet, in 3 cm breite Scheiben geschnitten
Salz
Pfeffer aus der Mühle
Paprikapulver, edelsüß
1 El Öl
4 Scheiben Graubrot
50 g Butter

Die Filetscheiben mit Salz, Pfeffer und Paprika würzen. Mit dem Handballen flach drücken und im heißen Öl auf beiden Seiten jeweils 3 Minuten braten. Dann ist das Fleisch schön rosa. Kurz warmstellen.
Das Graubrot in Streifen schneiden und in geschmolzener Butter rösten. Das Schweinefilet auf großen Tellern anrichten und die gerösteten Brotstreifen darübergeben.
Mit Salat servieren.

Rosa gebratenes Roastbeef mit Sauce Tartar

600 g Rinderlende
Salz
Pfeffer aus der Mühle
1 Tl frische, gehackte Petersilie
1 Tl frische, gehackte Estragonblätter
1 Tl frische, gehackte Basilikumblätter
2 El Öl
2 El Dijon-Senf

Küchenkrepp
Das Ofenrohr auf 250 Grad vorheizen

Die Rinderlende waschen und mit Küchenkrepp trockentupfen. Großzügig mit Salz und Pfeffer würzen.
Die gehackten Kräuter in einer kleinen Schüssel vermischen.
Öl in einer schweren Pfanne stark erhitzen und das Roastbeef auf beiden Seiten sehr scharf anbraten.
Das Fleisch auf einer Seite mit Senf bestreichen und die Kräuter daraufstreuen. Mit der Handfläche leicht festdrücken.
Das Roastbeef mit der Kräuterseite nach unten in das vorgeheizte Ofenrohr schieben und 10 Minuten braten. Dann vorsichtig wenden und weitere 10 Minuten braten.
Aus dem Ofen nehmen und abkühlen lassen.

Für die Sauce:
1 mittelgroße Essiggurke
200 g Mayonnaise
1 Tl gehackte Kapern
1 El frische, gehackte Petersilie
½ Tasse Gurkenwasser
Zum Abschmecken: Salz, Pfeffer aus der Mühle, Worcestershiresauce

Die Essiggurke kleinwürfeln.
Mayonnaise, Kapern, Petersilie und Gurkenwasser in einer Schüssel gut vermengen. Mit Salz, Pfeffer und etwas Worcestershiresauce abschmecken und die Essiggurkenwürfel unterheben.

Das abgekühlte Roastbeef in dünne Scheiben schneiden und mit der Kräuterkruste nach oben auf einer Platte anrichten. Die Sauce dazu reichen.
Zum Frühstück mit Graubrot und Butter auf den Tisch bringen. Mit Bratkartoffeln serviert ist es eine richtige kleine Mahlzeit.

Pfifferlinge in Rahm mit kleinen Kräuterknödeln

Für die Kräuterknödel:
8 Semmeln vom Vortag
¼ l Milch
3 Eier
1 El frische, gehackte Petersilie
1 Tl frische, gehackte Dillspitzen
1 Tl frische Schnittlauchröllchen
½ Tl Salz
1 Messerspitze Pfeffer
1 Messerspitze gemahlene Muskatnuß
1 kleine Zwiebel
1 El Butter
eventuell etwas Milch zum Verlängern
2 l Wasser
1 gestrichener Tl Salz

Die Semmeln in dünne Scheiben schneiden und in einer Schüssel mit Milch übergießen.
Die Eier und die Kräuter dazugeben, mit Salz, Pfeffer und Muskat würzen und gut verkneten.
Die Zwiebel schälen, kleinwürfeln und in geschmolzener Butter glasig dünsten. Zum Knödelteig geben, etwas abkühlen lassen und dann sorgfältig vermengen.
Wenn der Teig noch zu fest sein sollte, mit etwas Milch verlängern.
In einem Topf Salzwasser zum Kochen bringen.
Mit angefeuchteten Händen aus dem Knödelteig etwa 3 cm große Knödel formen.
In das kochende Wasser geben, aufkochen lassen und vom Herd nehmen. Zugedeckt 8 Minuten ziehen lassen.

600 g Pfifferlinge
1 mittelgroße Zwiebel
2 El Butter
100 g geräuchertes Wammerl, in kleine Würfel geschnitten
⅛ l trockener Weißwein
Salz
Pfeffer aus der Mühle
1 Tl Zitronensaft
150 g Crème fraîche
2 El frische, gehackte Petersilie
Zum Abschmecken: Salz, Pfeffer aus der Mühle

In der Zwischenzeit die Pfifferlinge putzen und waschen. Die Zwiebel schälen und in kleine Würfel schneiden.
Butter in einem Topf schmelzen und die Zwiebeln und den Speck glasig dünsten.
Die Pfifferlinge dazugeben und vorsichtig unterrühren. Mit Weißwein ablöschen und mit Salz, Pfeffer und Zitronensaft leicht würzen. Zugedeckt 10 Minuten bei mittlerer Hitze dünsten.
Crème fraîche einrühren, Petersilie darüberstreuen und ganz kurz aufkochen lassen. Den Topf vom Herd nehmen, mit Salz und Pfeffer abschmecken und sofort mit den Kräuterknödeln servieren.

❊ ❊ ❊

Spargel mit Essig-Öl-Kräutersauce

Für den Spargel:
500 g Spargel
½ l Wasser
¼ l trockener Weißwein
Saft einer halben Zitrone
1 El Zucker
1 El Salz

Den Spargel mit einem Spargelschälmesser schälen. Falls keines zur Hand ist, kann man als Ersatz einen Kartoffelschäler verwenden.
Von der Spitze zur Schnittstelle schälen, damit die Spargelspitze nicht abbricht oder weggeschält wird. Am unteren Ende des Spargels ca. 1 cm abbrechen.
In einem großen Topf Wasser, Weißwein, Zitronensaft, Zucker und Salz zum Kochen bringen.
Den Spargel einlegen, 10 Minuten kochen, den Topf vom Herd nehmen und weitere 10 Minuten ziehen lassen.

Für die Sauce:
2 El Olivenöl oder Sonnenblumenkernöl
2 El Essig 10%
6 El Wasser
½ Tl frische Schnittlauchröllchen
½ Tl frischer, gehackter Estragon
½ Tl frische, gehackte Petersilie
2 Blätter Basilikum, gehackt

Zum Abschmecken: Salz, Pfeffer aus der Mühle, etwas Zitronensaft, Worcestershiresauce

Öl, Essig und Wasser in einer großen flachen Schüssel verquirlen. Die gehackten Kräuter darüberstreuen und noch einmal gut durchrühren. Mit Salz, Pfeffer, Zitronensaft und Worcestershiresauce abschmecken. Den Spargel warm in die Sauce legen und möglichst 2 Stunden ziehen lassen. Auf großen Tellern mit der Kräutersauce anrichten.
Schmeckt vorzüglich zu gebeiztem Lachs.

* * *

Gebeizter Lachs

800 g frischer Lachs
1 Karotte
1 Scheibe Sellerie
1 kleine Stange Lauch
2 El Zucker
4 El Salz
1 El geschrotete Pfefferkörner
1 El frische Dillspitzen
Saft einer halben Zitrone
3 Lorbeerblätter
6 Wacholderbeeren

Klarsichtfolie

Den Lachs entgräten und auf ein tiefes Blech legen.
Die Karotte und den Sellerie schälen, waschen und kleinwürfeln. Den Lauch halbieren, waschen und in dünne Scheiben schneiden. In eine Schüssel geben, die Gewürze beifügen und gut verrühren.
Die Mischung gleichmäßig auf dem Lachs verteilen und mit Klarsichtfolie luftdicht abdecken. 12 Stunden im Kühlschrank kalt stellen.
Den Lachs aus der Beize nehmen, das Gemüse abstreifen, und kurz unter kaltem Wasser abwaschen. Den Fisch in dünne Scheiben schneiden und auf einer Platte anrichten.
Mit Toast, Butter und Sahnemeerrettich oder Dill-Senfsauce servieren.

* * *

Salat von frischen Pfifferlingen mit gebeiztem Lachs

Den Lachs siehe vorhergehendes Rezept

500 g Pfifferlinge
Salz
Pfeffer, weiß gemahlen
$1/2$ Tl Zitronensaft
1 kleine Zwiebel
50 g geräuchertes Wammerl, in kleine Würfel geschnitten
1 Tl Butter
1 El frische, gehackte Petersilie
3 El Sonnenblumenkernöl
8–10 El Wasser
4–5 El Himbeeressig
$1/2$ Tl Salz
1 Messerspitze Pfeffer, weiß gemahlen

Die Pfifferlinge waschen, putzen und größere Pilze halbieren. In eine Schüssel geben und mit Salz und Pfeffer leicht würzen. Mit Zitronensaft beträufeln und vorsichtig verrühren.
Die Zwiebel schälen und kleinwürfeln. Die Zwiebel- und Speckwürfel in geschmolzener Butter glasig dünsten. Zu den Pfifferlingen geben, Petersilie und Öl darübergeben und gut verrühren.
Wasser, Essig, Salz und Pfeffer in einem Topf aufkochen und über die Pilze gießen. Den Salat abkühlen lassen und mit Baguette oder Toast zu gebeiztem Lachs servieren.

Cocktail aus Shrimps und frischen Feigen

4 frische Feigen
400 g Shrimps
1 Prise Salz
Pfeffer aus der Mühle
Saft einer halben Zitrone
1 kleiner Kopfsalat

Zum Garnieren: 2 frische Feigen, ungeschält

Die Feigen waschen, den Stiel entfernen, schälen und kleinwürfeln. Die Feigen und die Shrimps in einer Schüssel mit Salz, Pfeffer und Zitronensaft würzen und gut vermengen.
Den Kopfsalat waschen, die äußeren Blätter und den Strunk entfernen, und in feine Streifen schneiden.

Für die Sauce:
150 g Mayonnaise
3 El Tomatenketchup
1 Tl Meerrettich
1 Prise Salz
Pfeffer aus der Mühle
4 cl Weinbrand oder Cognac
1/8 l Orangensaft

Alle Zutaten in einer großen Schüssel gut verrühren, bis eine glatte Sauce entsteht.

Die Shrimps und die Feigen vorsichtig unter die Sauce heben.
Die Salatstreifen in Cocktailgläsern anrichten und den Shrimpssalat daraufgeben. Die Feigen sorgfältig waschen und die Stiele entfernen. In Spalten schneiden und damit den Shrimpscocktail garnieren.
Mit Toast und Butter servieren.

Forellen-Mousse

4 Wacholderbeeren
1 El Gin
1 1/2 Blatt Gelatine
6 El kaltes Wasser
250 g geräuchertes Forellenfilet
60 g Meerrettich
1 Prise Salz
Pfeffer aus der Mühle
1 Tl Zitronensaft
1/8 l geschlagene Sahne

Zum Garnieren: 4 Erdbeeren, 4 Salatblätter, 4 Zitronenscheiben, 1 Zweig Dill

Vier Förmchen, ca. 100 ml Fassungsvermögen, mit Öl eingestrichen

Die Wacholderbeeren mit einer Gabel zerdrücken und mit Gin übergießen.
Die Gelatine in kaltem Wasser einweichen.
Das Forellenfilet und den Meerrettich mit einem Pürierstab pürieren und durch ein feines Sieb in eine Schüssel streichen.
Die Gelatine ausdrücken.
Den Gin durch ein Sieb in einen kleinen Topf abgießen, auf den Herd stellen und die Gelatine bei niedriger Temperatur darin auflösen. Die flüssige Gelatine in das Forellenpüree rühren. Mit Salz, Pfeffer und Zitronensaft würzen und die Sahne unterheben.
Das Forellenpüree in die Förmchen füllen, glattstreichen und über Nacht kaltstellen.
Den oberen Rand des Forellenpürees mit einer Messerspitze ablösen und die Unterseite des Förmchens kurz unter heißes Wasser halten. So läßt sich das Forellenpüree leichter stürzen.
Die Erdbeeren halbieren und zu Fächern schneiden.
Jeweils ein Salatblatt in die Mitte eines Tellers legen und das Forellenmousse daraufsetzen. Auf die Törtchen je eine Zitronenscheibe legen und diese mit einem Erdbeerfächer und etwas Dill garnieren.
Neben jede Mousse eine weitere Erdbeerhälfte geben.
Mit Toast oder Weißbrot servieren.

Der gute Ton in allen Lebenslagen

Man macht sich keine Vorstellung, wie unsagbar schwer es ist, sich in vornehmer Gesellschaft oder gar bei Tische richtig zu benehmen, keinen Anstoß zu erregen, sich nicht bis an sein Lebensende zu blamieren und als Rüpel dazustehen.

Da ich mich, was einwandfreies Benehmen in jeder Lebenslage betrifft, ruhig als Vorbild hinstellen kann, fühle ich mich dazu berufen, aus dem Born meiner reichen Erfahrung schöpfend, der Mitwelt alles zu sagen, was in dieser Hinsicht zu sagen ist.

Ein gewisser Knigge hat ja ein sehr dickes Buch herausgegeben, in dem er so manches Brauchbare mitteilt, aber die Art, *wie* er es tut, finde ich unvollkommen.

Die einzige Methode, jemandem beizubringen, wie er es machen soll, ist, daß man ihm sagt, wie er es nicht machen soll.

Dies ist das Wesentliche und meine Stärke!

Das Frühstück

Déjeuner – heißt es französisch. –

Es macht sich gut, das Frühstück recht oft »Déjeuner« zu nennen, das schafft Autorität und verrät das Beherrschen der französischen Sprache. –

Überhaupt sei es tunlichst zu pflegen, in die Unterhaltung einige französische Brocken einzuflechten.

Ein hie und da, allerdings nicht allzuoft, verwendetes »bon« macht sich gut. – Mit Vorsicht ist »quelle horreur« zu verwenden, weil bei diesem Wort der jeweilige deutsche Dialekt dem Sprecher im Nu den Nimbus des Franzosen rauben kann.

»O lala« verrät den Pariser, ja nicht zu verwechseln mit »Oi weh« – was einen lähmenden Eindruck machen dürfte.

Natürlich darf man nicht übertreiben, weil man sonst den Leuten auf die Nerven fällt.

Man erscheine also zum Déjeuner… im Smoking und trachte zu diesem, wenn irgend angängig, kein farbiges Hemd zu nehmen. – Da ist schon eine weiße Gummihemdbrust vorzuziehen. – Nur hätte man darauf zu achten, daß diese wirklich die Brust bedeckt und nicht rechts und links das Jägerleibchen vorblicken läßt. – Dies wäre besonders zu vermeiden.

Sehr praktisch sind dazu passende Kragen und Röllchen, die leicht mit einem feuchten Lappen derart abgewischt werden können, daß sie stets einen sauberen, ich möchte fast sagen, einen neuen Eindruck hervorrufen. –

Freudig bewegter Leser, erscheinst du so, bist du in jedem Gesellschaftszirkel der Mittelpunkt.

Bevor man das Lokal der Einladung betritt, vergewissere man sich vorerst, ob man auf der Straße nicht in irgend etwas hineingetreten ist. Es würde gewiß einen unverwischlichen Eindruck machen, wenn man so in den Salon träte und die ganze Sache auf die Perserteppiche der Hausfrau schmierte.

Ich glaube nicht zu übertreiben, wenn ich der Befürchtung Raum gebe, daß man dann nie mehr eingeladen werden würde, was, namentlich, wenn in dem gastlichen Hause die Küche gut ist, schwer ins Gewicht fallen könnte. – Wenn du dich also bezüglich der Propertät deiner Stiefel geprüft hast, o Leser, dann klingle. –

Klingle leise. –

Reiße die Glocke nicht ab, denn das verrät den Gefräßigen, der es schon nicht mehr erwarten kann.

Bist du dann im Vorzimmer und wirst vom Stubenmädchen empfangen, grüße herablassend. Berühre das Mädchen nicht, es sei denn, sie sei hübsch und niemand da, der zuschaut.

Ziehe dir die Oberkleider aus – wohlgemerkt, nur die Oberkleider – und gehe in den Salon, wo bereits einige Menschen verlegen herumsitzen, die alle nur den einen Gedanken haben: »Gott, wenn doch schon gegessen würde!« Aber sie sagen es nicht.

Du darfst dies auch nicht tun. Du kannst ja auch nach einer gewissen Spanne Zeit, scheinbar scherzhaft, der Hausfrau zurufen, daß du nicht zum Vergnügen, sondern zum Essen hergekommen bist – womit du dich gleich als Humorist beliebt machst.

Bist du groß und stark, setze dich nicht.

Ich spreche aus Erfahrung. Jedes Sofa oder gar jeder Fauteuil bricht entzwei, ist zum Wegwerfen, und glaube mir, wenn auch die Hausfrau zehnmal sagt: »Ach, das macht ja nichts«, so wünscht sie dich doch dorthin, wo der Pfeffer wächst und wo es keine Möbel gibt.

Ich habe früher, als ich in puncto gesellschaftlichen Schliffs noch nicht so vollkommen war, fast in jedem Hause mehrere Sitzgelegenheiten zerbrochen. –

Das war infolge des Gewichtes.

Deshalb bilde es deine Grundregel, wenn Du über hundertfünfzig Kilo wiegst, dich an die Mauer zu lehnen und zu stehen.

Bei neugebauten Häusern wäre sogar das Andiemauerlehnen zuwiderraten.

In besseren Gesellschaften bekommt man meistens eine Tischdame.

Diese sei dir heilig, du hast sie zu unterhalten und dich darum zu kümmern, daß nicht nur du deinen Teller bis zum Rande voll hast. Nein, auch für sie mußt du sorgen, geistig und leiblich.

Alle jüdischen Witze, die du auf Lager hast, mußt du ihr erzählen, aber mit der Pointe so lange warten, bis sie geschluckt hat, weil sie sonst leicht erstickt und ein Todesfall immer einen gewissen Mißton in die Gesellschaft bringt.

Also auch da sei Mäßigung am Platze.

Ist eine Tischdame hübsch, so ist es der andern Leute wegen zu empfehlen, die Hände möglichst *auf* dem Tisch zu behalten, um allen Verdächtigungen, mit denen unsere lieben Mitmenschen gleich bei der Hand sind, die Wurzeln auszureißen.

Lasse es dir, o Leser, *nie* einfallen, deine Tischdame zu kitzeln. Wenn sie schreit, sieht alles auf dich und du bist gezwungen, dich, wenn du halbwegs feinfühlig bist – zu schämen.

Kitzle sie, wenn du mit ihr allein bist, dann wird sie auch nicht schreien.

Strenge verpönt ist es in der guten Gesellschaft, die von dir abgenagten Knochen deiner Tischnachbarin auf den Teller zu legen, mit der Begründung, daß du auf deinem Teller keinen Platz mehr hast.

Wenn du in ein Haus, wie zum Beispiel das meine, mit besonders gut geschultem Personal kommmst, so trachte, dich und deine Tischdame, beim Servieren von Soßen, rückwärts mit einem Linoleumtuch zu bedecken, weil bis jetzt noch jeder meiner Gäste den Rücken mit wohlschmeckender Soße bekleckert bekam.

Ziehe dies in Erwägung! –

Liegt auf einer Schüssel nur noch ein Stück, so biete es deiner Dame zuerst an, so Gott will, nimmt sie es nicht.

Du kannst es ja für alle Fälle so anbieten, daß sie zögert. Dieses Zögern benützt du und sagst schnell: »Ah, ich bekomme einen Korb. – Da muß ich mich erbarmen!« – und ißt schon.

Leser – du kannst überzeugt sein, daß du bei diesem Rezept nie fehlgehen wirst.

Freilich, Übung gehört dazu. –

Ich kann nicht verlangen, daß du alles so meisterhaft machst wie ich, aber die Anleitung ist die richtige. Pädagoge bin ich, das steht außerhalb jeden Zweifels.

Du darfst zum Beispiel niemals den Zucker mit der Hand in den Kaffee geben. In jedem vornehmen Hause liegt eine Zange dabei. Aus Silber. Du nimmst zuerst den Zucker in die Hand, steckst diesen in die Zange und wirfst ihn, wohlgemerkt mit der Zange, in den Kaffe oder Tee. –

Wenn Spargel serviert wird, schneide dir nicht alle Köpfe ab und lege sie auf deinen Teller mit der Motivierung, daß dies das Beste sei. – Mit solchem Benehmen macht man sich äußerst unbeliebt.

Was nun das Essen an sich betrifft, so schlinge man nicht, reiße es dem Nachbar nicht aus der Hand oder schreie über den Tisch hinüber: »Mir! – Mir zuerst!« –

Es *ist* ja unangenehm, wenn serviert wird, du der Letzte bist und zusehen mußt, wie man dir all' deine Lieblingsstückchen wegnimmt und nur den Pofel auf der Schüssel läßt.

Ich leide in dieser Beziehung ja auch betrübliche Qualen; aber da heißt es, sich beherrschen, da kommt eben der Moment, wo wir Menschen uns vom Tiere unterscheiden.

Der Tschammi frißt dem Schnauzi das schönste Stückel weg, wenn er es erwischt, und der Schnauzi knurrt den Tschammi an, weil er sich darüber ärgert. – Die Tiere kennen noch keine Etikette und können sich nicht verstellen, darum sind sie auch so prachtvolle, anständige Geschöpfe.

Wenn du bei irgendeiner Speise nicht weißt, wie sie gegessen wird, schäkere mit deiner Nachbarin und beobachte inzwischen, wie es die andern machen. –

Allerding kann es in besonders gewählter Gesellschaft vorkommen, daß dies die andern auch tun und kein Mensch zu essen anfängt. –

Dann ißt du eben, wie es dir paßt, die anderen werden es *dir* nachmachen und du stehst als Vorbild da.

Über den richtigen Gebrauch der Eßwerkzeuge, so da sind: Löffel, Gabel und Messer, wären äußerst vitale Eröffnungen zu machen. Die Gabel darfst du auf keinen Fall zum Ausstochern der Zähne verwenden, weil dies schlecht für die Zähne ist – und noch weniger zum Amkopfkratzen. – Dazu ist der weniger spitze Löffel da. –

Auch möchte ich warnen, die Zahnstocher zum Ausputzen der Ohren zu benützen, das Trommelfell könnte leicht verletzt werden.

Dann noch etwas. – Das Messer soll nie in den Mund genommen werden, besonders wenn es scharf ist, weil – also der Grund ist nebensächlich – es genügt, wenn ich sage, man soll es nicht tun.

Wenn die Hausfrau sagt: »Ach, bitte, nehmen Sie doch noch ein Stück«, so wäre es ein grober Fehler zu antworten: »Ich danke, nein, mir ist von dem bereits Gegessenen schon übel.«

Du lehnst nur bescheiden ab: »Nein – nein – unmöglich.« – Du kannst bei dieser Gelegenheit fallen lassen, daß du ein schwacher Esser bist, vielleicht glaubt man es dir.

Fast hätte ich vergessen zu betonen, daß du dir die Serviette nicht um den Hals binden darfst. – Tust du dies, so begleite es mit einem Scherzwort und sage, es sei dir bewußt, daß sich so etwas nicht schickt, aber du tätest es dennoch, weil du die zermürbende Sorge nicht bannen könntest, daß du dich sonst ankleckern würdest.

Man wird lachen, wird dich originell finden und du bist diese Sorge wirklich los. – –

Wenn du im gesellschaftlichen Umgang vorgeschrittener, geübter bist, mein durchgeistigter Leser, so ist es zu empfehlen, daß du das Original herausbeißt, das heißt, alles tust, was man nicht tun darf, und dich über dich selbst lustig machst. –

Man wird es drollig, urwüchsig und sympathisch finden und du kannst machen, was du willst. –

So mache ich's. – Freilich ist man bei mir davon durchdrungen, daß ich in puncto Schliff unantastbar bin. –

Ich bin allerdings nur dort originell, wo es mir bequem ist, und es gibt zum Beispiel Sachen, die sogar ich nicht tue. –

Es gibt für alles Grenzen, auch für das originellste Original. –

Deiner mimosenhaften Feinfühligkeit, mein erschöpfend begreifender Leser, sei es anheimgestellt, wie weit du gehen darfst.

Das wäre, glaube ich, alles, was während des Essens zu beobachten ist, nur möchte ich hinzufügen, daß es nicht gut angeht, falls dieses ein Schlangenfraß ist, laut, wie im Restaurant, darüber zu schimpfen. – In diesem Falle und namentlich, wenn du neben der Tochter des Hauses sitzt, schütze eine strenge Diät vor, die andern Gäste werden dich verstehen und beneiden. Schimpfen, kritisieren und nörgeln darfst du erst später; im Hause selbst ist es nicht opportun. –

Schlimmstenfalls, wenn man einfach nicht mehr anders kann, darf man schon auf der Stiege mit dem Ausrichten des Gastgebers beginnen. –

Sonst ist es allerdings Sitte, daß dies erst beim Haustor geschieht.

Nun erhebt sich die Hausfrau, hebt die Tafel auf und sagt verbindlich: »Mahlzeit!« – Das heißt, daß nichts mehr kommt, daß du genug gegessen hast, daß die Gemütlichkeit, wenn solche bestand, zu Ende ist und du in einen andern Raum zu gehen hast, um das abzusitzen, was du gegessen hast.

Du küßt deiner Tischdame die Hand, führst sie in den Salon, legst sie dort ab und sie ist für dich erledigt. –

Deine Pflicht als Kavalier ist getan.

Nun trachtet man, eine Zigarre zu bekommen. – Nimm aber nur eine. – Die Auffassung, daß man sich die Taschen anfüllen dürfe, ist falsch und erregt Befremden.

Nun, mein witziger Leser, ist der Augenblick da, wo du mit deinen schillernden Geistesgaben paradieren kannst, nun zeigt es sich, ob du Konversation zu machen verstehst – ein Salonlöwe bist.

Herrlich ist es, wenn du dich in irgendeiner Form produzieren kannst. Kunststücke sind sehr beliebt. – Du ziehst der Tochter des Hauses einen Silbergulden aus der Nase, sie verliebt sich in dich und du wirst wochenlang täglich eingeladen.

Solltest du aber mit den Ohren wackeln können, so bedeutet das einen Haupttreffer. – Ich kann es. –

Selbstverständlich will ich damit nicht sagen, daß du, hochbegabter Leser, die ganze Zeit mit den Ohren wackeln sollst. – Dem sei Gott vor. – Das wäre auf die Dauer ermüdend. –

Wenn der Augenblick des Abschiedes kommt, so gehst du zur Hausfrau, küßt ihr galant die Hand, lobst das Essen, bemerkst, daß man das ranzige Fett nicht herausgeschmeckt habe und auch nicht merken konnte, daß zu wenig da war, weil sich kein Mensch etwas zu nehmen getraute. –

Man hüte sich, die Scherzworte: »Das Essen war gut und reichlich, aber weit über Ihre Verhältnisse, auch hat man nicht empfunden, daß mit Lanolin, Marke Pfeilring, gekocht wurde –« zu sagen, weil sie so alt sind, daß man bei der Hochzeit von Kana schon ein paar Ohrfeigen bekommen hat, wenn man diese humorvolle Bemerkung machte.

Hat man sich empfohlen, geht man ins Vorzimmer, läßt sich von dem Stubenmädchen in den Oberrock helfen, und nun ist es gestattet, sie, wenn sie hübsch ist, zu berühren. –

Suppen und Suppeneinlagen

Mit magischer Gewalt zum Theater

Als Gewerbeschüler in Brünn zog es mich mit magischer Gewalt zum Theater.

Durch die Protektion eines Chorherren gelang es mir, als Statist aufgenommen zu werden.

Nun war das Mitwirken auf einem Theater in jeder Form von der Schule aus untersagt – strenge verboten.

Es war ein Ritterstück.

Ich stellte einen Landsknecht dar und hatte die Aufgabe, mit noch einem Landsknecht in einen Kerker zu gehen und an der Türe stehenzubleiben.

Mit uns betrat ein Schauspieler den Kerker, der dem eingesperrten Helden, der dort schmachtete, mitzuteilen hatte, daß er nicht begnadigt wurde, seine Stunden gezählt seien und er sich zur Hinrichtung bereitzuhalten habe.

Als der Auftritt kam, fiel mir mit Entsetzen ein, daß mich einer meiner Professoren erkennen und ich abermals, wie damals in der Realschule, mit Pomp herausgeschmissen werden könnte.

Ich zögerte, sträubte mich, aufzutreten.

Der Inspizient, ein jeden Feingefühls entratender Herr, schrie mich an: »Also, was ist? – Lausbub, dreckiger – raus!" Er gab mir mit dem Fuße einen Stoß, daß ich durch die geöffnete Türe auf die Bühne torkelte.

Draußen, an der Türe stehend, wendete ich mein Haupt auf die dem Zuschauer abgewendete Seite, um meine Gesichtszüge dem Erkanntwerden nicht so preiszugeben.

Als ich abgegangen war, kam der freundliche Inspizient abermals auf mich zu und meinte verbindlich: »Ihnen gehören ein paar Watschen, Sie Trottel! – Sie Lümmel! – Verstanden?« –

Als ich nach Jahren in Brünn gastierte, erinnerte mich der Inspizient ganz stolz, daß er der erste war, der mich auf die Bühne geschickt hat.

Hühnerbrühe

1 Suppenhuhn, ca. 1000–1200 g,
vom Metzger geviertelt
1 Bund Suppengrün
3 l Wasser
2 Lorbeerblätter
2 Wacholderbeeren
3 Pfefferkörner
1 Messerspitze gemahlene Muskatnuß
1 gestrichener El Salz
1 Messerspitze Pfeffer
2 El frische Schnittlauchröllchen

Die Hühnerteile und das Suppengrün gründlich unter kaltem Wasser waschen.
Einen großen Topf mit Wasser füllen und das Geflügel mit dem Suppengrün und den Gewürzen etwa 1½ Stunden bei mittlerer Hitze kochen bis das Huhn gar ist.
Die Geflügelteile und das Suppengrün aus dem Topf nehmen. Die Haut vom Hühnchen abziehen und das Fleisch von den Knochen lösen. Das Hühnerfleisch in 1–1½ cm große Würfel schneiden. Das Suppengrün würfeln und mit dem Hühnerfleisch beiseite stellen.
Die Brühe durch ein feines Sieb in einen anderen Topf passieren.

Wenn man die Hühnerbrühe ohne Einlage auf den Tisch bringen möchte, dann kann man das Hühnerfleisch und die Gemüsewürfel in die Suppe zurückgeben. Vor dem Servieren mit frischen Schnittlauchröllchen bestreuen.

* * *

Rinderbrühe

500 g Suppenfleisch
250 g Rinderknochen
zweimal 3 l Wasser
2 Karotten
½ Knolle Sellerie
1 kleine Stange Lauch
2 El frische, gehackte Petersilie
2 Lorbeerblätter
8 Pfefferkörner
Zum Abschmecken: Salz, Pfeffer aus der Mühle, Muskatnuß gemahlen
2 El frische Schnittlauchröllchen

Suppenfleisch und Knochen in einem großen Topf mit kaltem Wasser bedecken und aufkochen lassen. Das Wasser abgießen und das Fleisch und die Knochen nochmals mit kaltem Wasser aufsetzen und aufkochen lassen. Den Schaum abschöpfen.
Die Karotten und den Sellerie schälen, waschen und würfeln. Den Lauch halbieren, unter fließendem Wasser waschen und in Scheiben schneiden.
Das vorbereitete Gemüse mit der Petersilie, den Lorbeerblättern und den Pfefferkörnern in den Topf geben. Kurz zum Kochen bringen und auf kleiner Flamme 1½–2 Stunden köcheln lassen, bis das Suppenfleisch gar ist.
Das Fleisch herausnehmen und auf einem Teller beiseite stellen. Die Brühe durch ein feines Sieb in einen anderen Topf passieren. Mit Salz, Pfeffer und Muskat abschmecken. Wenn man die Brühe zum Aufgießen oder als Grundlage für eine Suppeneinlage möchte, dann ist sie jetzt fertig. Möchte man die Suppe allerdings als Kraftbrühe essen, so kann man nach Belieben das Fleisch kleinwürfeln und in die Suppe zurückgeben. Vor dem Servieren mit Schnittlauch bestreuen.

Nimmt man die Hühner- oder Rinderbrühe als Grundlage für eine Suppeneinlage, dann den Schnittlauch erst direkt vor dem Servieren darüberstreuen, da der Schnittlauch, wenn er zu lange in der Suppe ist, Geschmack und Farbe verliert.

Die folgenden Rezepte sind Einlagen für die Rinder- und die Hühnerbrühe

* * *

Leberknödel

1 Semmel vom Vortag
1 kleine Zwiebel
1 Tl Butter
200 g Rinderleber, vom Metzger durchgedreht
1 Ei
1 kleine Knoblauchzehe, geschält und zerdrückt
1 Tl frische, gehackte Petersilie
½ Tl Majoran

2 Prisen Salz
1 Messerspitze Pfeffer
3 l Wasser
1 Tl Salz

1 l Rinder- oder Hühnerbrühe

Die Semmel in feine Scheiben schneiden und in eine Schüssel geben. Die Zwiebel schälen, kleinwürfeln und in zerlassener Butter glasig dünsten. Zu den Brotscheiben geben und mit der Leber, dem Ei, dem Knoblauch und den Gewürzen gut verkneten. Salzwasser in einem großen Topf zum Kochen bringen.
Aus dem Leberknödelteig mit feuchten Händen kleine Knödel formen und in das kochende Wasser geben. Aufkochen lassen, vom Herd nehmen und zugedeckt weitere 15 Minuten ziehen lassen.
Die Leberknödel in Rinder- oder Hühnerbrühe einlegen und sofort servieren.

* * *

Leberspätzle

150 g Rinderleber, vom Metzger durchgedreht
1 Ei
100 g Mehl
1 kleine Knoblauchzehe, geschält und zerdrückt
1 Tl frische, gehackte Petersilie
1 kleine Messerspitze Majoran
½ Tl Salz
1 Messerspitze Pfeffer
eventuell noch etwas Mehl
2 l Wasser
1 Tl Salz

1 l Rinder- oder Hühnerbrühe

Die Rinderleber mit dem Ei, Mehl, Knoblauch und den Gewürzen in einer Schüssel gut verkneten. Falls der Teig noch zu flüssig ist, etwas mehr Mehl zugeben.
Salzwasser in einem großen Topf zum Kochen bringen.
Den Teig mit einer Spätzlereibe in das kochende Wasser reiben. Aufkochen lassen, die Spätzle mit einem Schaumlöffel aus dem Topf heben, kurz abtropfen lassen und in reichlich Brühe geben.
Heiß servieren.

Markklößchen

50 g Rindermark
15 g Butter
3 El Wasser
50 g Semmelbrösel
1 Prise Salz
1 Messerspitze Pfeffer
½ Messerspitze geriebene Muskatnuß
2 Eier
2 El frische, gehackte Petersilie

1 l Rinderbrühe

Rindermark, Butter und Wasser in einem Topf auslassen bis das Wasser verdunstet ist. Die Semmelbrösel in eine Schüssel geben und das ausgelassene Rindermark durch ein Sieb darübergießen. Mit einem Kochlöffel vermengen und mit Salz, Pfeffer und Muskatnuß würzen. Etwas abkühlen lassen, dann die Eier und die Petersilie untermischen. Für eine halbe Stunde kalt stellen.
Die Rinderbrühe zum Kochen bringen. Kleine Kugeln formen, in die kochende Rinderbrühe geben und aufkochen lassen. Vom Herd nehmen und ca. 5 Minuten ziehen lassen.
In tiefen Tellern dampfend auf den Tisch bringen.

* * *

Grießnockerl

Für Grießnockerl gibt es eine Faustregel: Man nehme eischwer Butter, doppelt Grieß.

Butter, ca. 50 g
1 Ei, ca. 50 g
ca. 100 g Grieß

1 Tl frische, gehackte Petersilie
1 Prise Salz
½ Messerspitze weißer Pfeffer
½ Messerspitze geriebene Muskatnuß

1 l Rinder- oder Hühnerbrühe

Butter in einer Schüssel schaumig schlagen. Das Ei untermischen und glattrühren. Grieß

und Petersilie dazugeben, mit Salz, Pfeffer
und Muskatnuß würzen und gut vermengen.
Eine halbe Stunde kalt stellen.
Währenddessen die Brühe zum Kochen
bringen.
Mit einem Kaffeelöffel Nocken ausstechen
und vorsichtig in die Brühe geben. Kurz
aufkochen, den Topf vom Herd nehmen und
zugedeckt 20 Minuten ziehen lassen.
Heiß servieren.

* * *

Hausgemachte Nudeln

1 Ei
100 g Mehl
etwas Salz
Mehl zum Ausrollen

1 l Hühnerbrühe

Das Ei mit Mehl und Salz zu einem
glatten Teig verkneten.
30 Minuten im Kühlschrank kalt stellen.
Ein großes Brett oder eine Arbeitsfläche mit
Mehl bestäuben und darauf den Teig mit
einem Nudelholz dünn ausrollen. In etwa
1 mm dicke und 5 cm lange Streifen schneiden.
Die Hühnerbrühe zum Kochen bringen und
die Nudeln darin bei mittlerer Hitze etwa
10 Minuten köcheln lassen.
(Das Hühnerfleisch und das Gemüse nach
Belieben in die Suppe zurückgeben und
kurz erwärmen, siehe Rezept Hühnerbrühe)
In tiefen Tellern dampfend auf den Tisch
bringen.

* * *

Milzpovesen

200 g Milz, vom Metzger geschabt
1 Ei
1 Tl frische, gehackte Petersilie
2 Prisen Salz
1 Messerspitze Pfeffer
1 Messerspitze gemahlene Muskatnuß
4 Scheiben ungetoasteten Toast
½ l Öl
1 l Rinder- oder Hühnerbrühe

Die Milz, das Ei und die Petersilie in einer
Schüssel miteinander verkneten. Mit Salz,
Pfeffer und Muskat würzen und gut vermischen. Auf die Weißbrotscheiben
streichen und diese jeweils in zwei Dreiecke
schneiden.
Öl in einem mittelgroßen Topf erhitzen und
die Hälfte der Dreiecke mit der bestrichenen
Seite nach unten etwa 5 Minuten backen.
Mit einem Schaumlöffel aus dem Topf
heben, kurz beiseite stellen und mit den
restlichen Milzschnitten den Vorgang
wiederholen.
In reichlich Rinder- oder Hühnerbrühe
geben und sofort servieren.

* * *

Kaiserschöberl

Butter für das Backblech
40 g Butter
2 Eier
40 g Mehl, gesiebt
20 g frisch geriebener Parmesan oder
geriebenen Emmentaler
1 Tl frische, gehackte Petersilie
2 Prisen Salz
1 Messerspitze gemahlene Muskatnuß
1 l Rinder- oder Hühnerbrühe

Das Rohr auf 175 Grad vorheizen

Ein Kuchenblech mit Butter einfetten.
Butter in einer Schüssel schaumig schlagen
und mit Eigelb, Mehl, Käse und Petersilie
verrühren. Mit Salz und Muskat würzen.
Das Eiweiß steif schlagen und langsam
unterheben. Den Teig gleichmäßig auf dem
Backblech verteilen und 25–30 Minuten im
vorgeheizten Rohr goldgelb backen.
Aus dem Ofen nehmen, in Rauten schneiden
und die Schöberl in reichlich Brühe heiß
servieren.

Leo Slezak fühlte sich mit magischer Gewalt vom Theater angezogen. Schon bald wurde er am Brünner Stadttheater, wo er sich einen Platz als Statist und Choreleve ergattert hatte, von seinem Lehrer Adolf Robinson entdeckt.

Während seiner Ausbildung mußte Slezak noch manche Hungerzeit durchstehen, aber bald ging es mit seiner Karriere steil bergauf. Nach Engagements in Brünn, Berlin und Breslau holte ihn Gustav Mahler 1901 an die Wiener Hofoper.

Schon als ganz junger Künstler begeisterte Leo Slezak sein Publikum als »Lohengrin«.

Wagners »Siegfried« nahm Leo Slezak schon in Brünn in sein Repertoire

und gab in dieser Rolle sein erstes Gastspiel in London am Coventgarden-Opernhaus.

Auf späteren Tourneen war immer seine Familie mit von der Partie.

Mit Kollegen von der Metropolitan Oper: Hermann Jadlowker, James Winkler, Walter Soomer, Leo Slezak, Enrico Caruso, Berta Morena, Lucie Weidt.

*Aber am wohlsten fühlte Leo Slezak sich immer Zuhause, am Tegernsee,
mit seinen Blumen und Tieren.*

Manchmal, wenn Leo Slezak hungern mußte, dann nahm er sein Fahrrad und fuhr an die Peripherie, um dort ganz heimlich in einem schattigen Wirtshausgarten ein Frühstücksgulasch oder eine Kalbshaxe zu genießen.

Zum Theaterbesuch langte es nicht...

Zum Theaterbesuch langte es nicht, selbst nicht zu einem allerbescheidensten Platz. Da lernte ich einen Chorsänger kennen, durch dessen Vermittlung ich ins Stadttheater eingeführt wurde. – Ich durfte mitstatieren. Mit hier und da verabreichten zehn Kreuzern wußte ich mir das Wohlwollen und die Förderung des Statistenhäuptlings zu erwerben und war dort bald heimisch.

Man wies mir, kraft obiger Protektion, die am wenigsten zerrissenen Trikots und am besten erhaltenen Kostüme zu.

Da sein – *die* Luft atmen, in *der* Welt herumgehen dürfen – – – ich war wie betrunken vor Glück und starrte jeden Schauspieler als höheres Wesen an. – Ach und der Komiker war für mich einfach der Gipfel des Beneidenswerten.

Mein Vater sah mein Fernbleiben des Abends mit scheelen Blicken an und schnitt jeden Versuch, ihn von der ungeheuren Rentabilität des Bühnenberufes zu überzeugen, kurzweg ab, meist mit den Worten: »Auf dich warten sie beim Theater! – Willst du Wolkenschieber werden oder Möbelträger? – Bleib bei deinem Handwerk, verzettle dich nicht, sonst wird nie etwas aus dir!« –

Ich lernte humoristische Vorträge, kopierte alles, was ich sah, und lebte immer in einer anderen Welt.

Welch einen wohltuenden Einfluß dies auf meinen Schlosserberuf ausübte, läßt sich leicht erraten.

Nachdem ich drei Jahre die Schlosserei gelernt hatte, kam ich in die Werkmeisterschule. Außerdem war ich ein gewiegter Statist und Volksmurmler geworden und stellte in Verschwörungen derart meinen Mann, daß sich das Publikum höchst befremdet fragte, wer denn dieser aufdringliche Longinus sei, der da so mit Händen und Füßen um sich schlage.

Einzelne Chorstellen, die mir im Ohr geblieben waren, brüllte ich mit, daß mir fast die Halsadern platzten.

So geschah es auch eines Abends, in der Oper »Bajazzo«. – Den Tonio sang Adolf Robinson. –

Ich schreie neben ihm wie ein Zahnbrecher, er dreht sich überrascht um, sieht mich an und flüstert mir zu: »Melden Sie sich nach der Vorstellung in meiner Garderobe, ich habe Ihnen etwas zu sagen.«

Hochklopfenden Herzens erwarte ich ihn.

Er sagte: »Mir scheint, Sie haben eine schöne Stimme. – Kommen Sie morgen vormittag zu mir, ich werde Sie prüfen.«

Daheim schilderte ich meiner lieben Mutter dieses ungewöhnliche Erlebnis in den glühendsten Farben. –

Der nächste Morgen kam, statt in die Schule ging ich zu Robinson.

Er empfing mich sehr freundlich und fragte, ob ich ihm etwas vorsingen könne.

Ich konnte nichts anderes als Couplets, und so sang ich denn: »A so a Kongoneger hat's halt guat!«

Robinson konstatierte einen Heldentenor! – – –

Wie ich heimkam, weiß ich nicht. – Lange Überredung hat es gekostet, meinen Vater zu bewegen, seine Erlaubnis zum Singenlernen zu geben. – Erst als ihm Robinson persönlich versicherte, daß man mir, wenn ich fleißig arbeite, eine günstige Zukunft prophezeien könne, willigte er ein.

So kam ich denn auf den Weg, den mir mein Lehrer gewiesen, und auf dem er mich mit zielbewußter Hand führte.

Gefühle innigster Dankbarkeit für ihn und seine verehrte, so herzensgute Frau verbinden mich bis zum heutigen Tag mit ihm.

Alles, was ich geworden bin, danke ich ihm und seiner väterlichen Güte!

Legierte Grießsuppe

1 kleine Stange Lauch
1 kleine Zwiebel
20 g Butter
20 g Hartweizengrieß
$1/2$ l Rinderbrühe
$1/8$ l flüssige Sahne
1 Eigelb

Den Lauch halbieren, unter fließendem kalten Wasser waschen und in dünne Scheiben schneiden. Die Zwiebel schälen und kleinwürfeln.
Butter in einem Topf schmelzen und die Zwiebelwürfel glasig dünsten. Den Grieß dazugeben und kurz aufquellen lassen. Den Lauch beifügen, gut verrühren und mit Brühe aufgießen. Bei mittlerer Hitze unter mehrmaligem Umrühren 20 Minuten kochen. Den Topf vom Herd nehmen.
Die Sahne mit dem Eigelb verquirlen und in die Suppe einrühren.
In tiefen Tellern servieren.

Graupensuppe mit Gemüsewürfeln

80 g Perlgraupen, über Nacht in kaltes Wasser eingeweicht

1 kleine Zwiebel
1 kleine Karotte
½ kleiner Sellerie
1 kleine Stange Lauch
1 El Butter
¾ l Rinderbrühe

Die Zwiebel, die Karotte und den Sellerie schälen, waschen und in kleine Würfel schneiden. Den Lauch halbieren, waschen und kleinwürfeln.
Die Zwiebel- und Gemüsewürfel in geschmolzener Butter andünsten.
Das Wasser von den Graupen abgießen und die Graupen zu den Gemüsewürfeln geben. Mit Brühe aufgießen und eine halbe Stunde bei mittlerer Hitze köcheln lassen.
Sofort servieren.

* * *

Gulaschsuppe

2 mittelgroße Kartoffeln
3 mittelgroße Zwiebeln
1 kleine grüne Paprikaschote
1 kleine rote Paprikaschote
1 kleine gelbe Paprikaschote
1 frische Peperoni
3 El Öl
300 g Rindfleisch, in 1 cm große Würfel geschnitten
Salz
Pfeffer aus der Mühle
3 El Tomatenmark
1 El Paprikapulver, edelsüß
½ Tl Majoran
½ Tl gemahlener Kümmel
2 Knoblauchzehen, geschält und zerdrückt
¾ l Rinderbrühe
Zum Abschmecken: Salz, Pfeffer aus der Mühle

Die Kartoffeln waschen, schälen und kleinwürfeln. Die Zwiebeln schälen und kleinhacken. Die Paprikaschoten halbieren, Trennwände, Stielansätze und Kerne entfernen, waschen und in kleine Würfel schneiden. Die Peperoni waschen und in dünne Scheiben schneiden.
Öl in einem großen Topf erhitzen.
Das Rindfleisch mit Salz und Pfeffer würzen und mit den Zwiebeln im heißen Öl anbraten. Tomatenmark, Paprikapulver, Majoran und gemahlenen Kümmel dazugeben und unter kräftigem Rühren kurz anrösten. Den Knoblauch zufügen, mit Brühe aufgießen und bei mittlerer Hitze 30–35 Minuten kochen.
Die Paprikaschoten, Kartoffeln und Peperoni in den Topf geben und weitere 20 Minuten köcheln lassen. Dabei mehrmals umrühren.
Mit Salz und Pfeffer abschmecken und mit Graubrot servieren.

* * *

Kartoffelsuppe mit Wiener

1 kleine Zwiebel
700 g Kartoffeln
2 mittelgroße Karotten
50 g Butter
100 g geräuchertes Wammerl, in kleine Würfel geschnitten
½ Tl Majoran
Pfeffer aus der Mühle
¾ l Rinderbrühe
2 Paar Wiener
70 g Crème fraîche
1 El frische, gehackte Petersilie

Die Zwiebel schälen und kleinwürfeln.
Die Kartoffeln und Karotten schälen und waschen. Die Kartoffeln in ca. 2 cm große Würfel schneiden. Die Karotten vierteln und in dünne Scheiben schneiden.
Butter in einem großen Topf erhitzen und die Zwiebel- und Speckwürfel darin glasig dünsten. Die Kartoffeln und Karotten dazugeben, mit Majoran und Pfeffer würzen und mit der Rinderbrühe aufgießen. Zugedeckt 30 Minuten bei mittlerer Hitze garen.
Vom Herd nehmen und langsam mit einem Mixer pürieren.
Die Wiener in Scheiben schneiden und mit der Crème fraîche und der Petersilie in die Suppe geben. Nochmals gut durchrühren und mit frischem Bauernbrot servieren.

Mein erstes Gastspiel in Prag

Sooft ich in Prag am Königlichen Landestheater gastiere, erinnere ich mich jedesmal mit großer Freude an mein allererstes Auftreten in dieser Stadt, das sich unter ganz eigenartigen Umständen vollzogen hat.

Ich war damals noch Zögling an der Werkmeisterschule in Brünn, aber auch schon Gesangsschüler Robinsons.

In der Familie war man sehr stolz auf den Opernsänger in spe, und ein Verwandter, der in Prag lebte, entschloß sich sogar, mir zu einem ersten Erfolge daselbst zu verhelfen.

Er animierte einige Herren des Vereins der Deutschen in Prag-Weinberge, mich zu einem Unterhaltungsabend einzuladen.

Ich sagte hochbeglückt zu.

Mit dem Schubertalbum unter dem Arm und einem reinen, wenn auch etwas zerfransten Kragen in der Tasche, machte ich mich auf den Weg.

Aus dem Schubertalbum konnte ich nichts als das eine Lied »Am Meer« singen.

Ich fuhr dritter Klasse, weil es keine vierte gab.

Als ich nun in Prag so leicht beschwingt ankam, erwarteten mich auf dem Bahnhof einige Herren vom Komitee des Vereins, begrüßten mich auf das herzlichste und erbaten sich meinen Gepäckschein, um mein Bagage ins Hotel schaffen zu lassen.

Ich zeigte auf mein Schubertalbum und erklärte, daß dies mein ganzes Gepäck wäre.

Sie hielten es für einen Scherz, erst als ich versicherte, daß dem wirklich so sei, sahen sie sich etwas erstaunt an, lachten aber dann aus vollem Halse.

Da ich nun in einer weißblau karierten Pepitahose und einem Samtrock, der an den Rändern bereits ziemlich vorgeschrittene Zeichen von Schäbigkeit merken ließ, nicht gut auftreten konnte, führten mich die Herren, die es dabei auf das zartfühlendste vermieden, mich meine Mittellosigkeit fühlen zu lassen, in ein Kleideretablissement, um mir einen Frackanzug auszuleihen.

Aber meine etwas riesenhaft geratenen Körperdimensionen bildeten ein arges Hindernis.

Nichts Passendes ließ sich finden.

Ein Ausweg. – Dr. P., der ungefähr meine Figur hatte, mußte herhalten.

Er war auch gerne bereit, mir für die Zeit meiner Vorträge seine Kleider zu leihen, und wollte inzwischen im Künstlerzimmer, seine Unterwäsche mit einem Paletot verhüllend, warten. Ein Frackhemd und eine Krawatte waren bald gefunden, und am Abend stand ich zum ersten Male vor dem Prager Publikum.

Ich sang mein einziges Lied »Am Meer«, dem einige humoristische Vorträge und Couplets folgten, und errang so, dank der gütigen Nachsicht des Auditoriums, einen großen Erfolg.

Nach den Vorträgen wurde ich von den Honoratioren des Vereines ins Gespräch gezogen, und von all den anerkennenden und liebenswürdigen Worten berauscht, vergaß ich ganz und gar meinen, im Künstlerzimmer harrenden, notdürftig bekleideten Gläubiger. – Vergaß derart den Armen, daß ich mich in einem andern Saal zum Souper setzte und mich sogar an der Tanzunterhaltung beteiligte.

Auch das Komitee schien Herrn Dr. P. vollständig vergessen zu haben, der, verzweifelt die Hände ringend, in seinen Unterkleidern auf und ab lief, sich die Zeit mit Fluchen und Schimpfen vertrieb und seine Güte verwünschte.

Bis endlich ein Diener zu mir kam und mir mitteilte, Herr Dr. P. ließe anfragen, wie lange ich eigentlich noch in seinen Kleidern herumzurennen beabsichtige, und ob ich glaube, daß er seine Tage in der Unterhose im Künstlerzimmer zu beschließen gedenke.

Tief bestürzt eilte ich zu ihm. Er empfing mich sehr kühl. – Es bedurfte des ganzen Zaubers meiner Persönlichkeit, ihn wieder gut zu machen.

Als wir sodann in gewechselten Kleidern wieder in der Gesellschaft erschienen, gab es große Heiterkeit, und erst am frühen Morgen trennten wir uns.

Im Nu war ich mit allen Herren des Vereins verbrüdert. Ich fühlte mich in Prag so maßlos wohl, daß aus meinem für drei Tage festgesetzten Aufenthalt – sieben wurden.

Zur Rückfahrt brachten mich alle an die Bahn.

Einige Stationen hinter Prag bemerkte ich erst, daß ich das Schubertalbum vergessen hatte.

Spargelcremesuppe

100 g Spargel
½ l Wasser
¼ l trockener Weißwein
Saft einer halben Zitrone
1 El Zucker
1 El Salz
Spargelschalen
30 g Butter
60 g Mehl
⅛ l flüssige Sahne
Zum Abschmecken: Salz, Pfeffer aus der Mühle

Den Spargel mit einem Spargelschälmesser oder Kartoffelschäler von der Spitze zur Schnittstelle schälen. So verhindert man, daß die Spargelspitzen weggeschält werden. Anschließend am unteren Ende ca. 1 cm abbrechen. Den Spargel sorgfältig schälen, um einen leicht bitteren Geschmack zu vermeiden. Die Spargelschalen zum weiteren Gebrauch zur Seite stellen.
In einem großen Topf Wasser, Weißwein, Zitronensaft, Zucker und Salz zum Kochen bringen. Den Spargel einlegen und etwa 10 Minuten kochen. Vom Herd nehmen und weitere 10 Minuten ziehen lassen. Mit einem Schaumlöffel aus dem Topf heben, abtropfen lassen und beiseite stellen.
Die Spargelschalen in den Fond geben, bei mittlerer Hitze 30 Minuten kochen lassen und dann durch ein Sieb passieren.
Butter mit Mehl verkneten und stückchenweise in die Suppe rühren, bis sie die gewünschte Konsistenz hat. Die Sahne unterziehen und mit Salz und Pfeffer abschmecken.
Den Spargel in etwa 2 cm große Stücke schneiden und in der Suppe kurz erwärmen. In tiefen Tellern servieren und Baguette dazu reichen.

* * *

Schwammerlsuppe

40 g Pfifferlinge
40 g Steinpilze
40 g Champignons oder Egerlinge
40 g Austernpilze
1 kleine Zwiebel
1 El Butter
50 g geräuchertes Wammerl, in kleine Würfel geschnitten
¾ Tl Salz
Pfeffer aus der Mühle
einige Tropfen Zitronensaft
1 gehäufter Tl Mehl
¼ l Rinderbrühe
⅛ l trockener Weißwein
⅛ l flüssige Sahne
2 El frische, gehackte Petersilie
Zum Abschmecken: Salz, Pfeffer aus der Mühle, etwas Zitronensaft

Die Pilze putzen, waschen und in Scheiben schneiden. Die Zwiebel schälen und kleinwürfeln.
Butter in einem großen Topf schmelzen und die Zwiebel- und Speckwürfel glasig dünsten. Die Pilze dazugeben und etwa 5 Minuten mitdünsten. Mit Salz, Pfeffer und Zitronensaft würzen, mit Mehl bestäuben und gut durchrühren. Mit Brühe und Weißwein aufgießen, nochmals durchrühren, und ca. 10 Minuten zugedeckt bei mittlerer Hitze köcheln lassen. Dabei häufig umrühren.
Vom Herd nehmen, Sahne und Petersilie unterziehen und mit Salz, Pfeffer und Zitronensaft abschmecken. Sofort servieren. Schmeckt auch sehr gut mit kleinen Semmelknödeln in der Suppe.

* * *

Blumenkohlcremesuppe

1 kleiner Blumenkohl
1 l Wasser
⅛ l trockener Weißwein
1 Tl Zitronensaft
Pfeffer aus der Mühle
1 Messerspitze gemahlene Muskatnuß
80 g Crème fraîche
Zum Abschmecken: Salz, Pfeffer aus der Mühle

Zum Garnieren: 4 El geschlagene Sahne, 1 El frische, gehackte Petersilie

Die Blätter vom Blumenkohl entfernen und den Strunk herausschneiden. Den Blumenkohl sorgfältig unter fließendem Wasser

waschen und anschließend in kleine Röschen zerteilen. In einen mittelgroßen Topf geben und Wasser, Weißwein und Zitronensaft dazugießen. Mit Salz, Pfeffer und etwas Muskat würzen und zugedeckt etwa 25 Minuten bei mittlerer Hitze garen.
Vom Herd nehmen und mit einem Pürierstab pürieren.
Langsam die Crème fraîche einrühren und die Suppe nochmals etwas erhitzen, aber darauf achten, daß sie nicht mehr kocht.
Mit Salz und Pfeffer abschmecken.
Die Suppe in tiefe Teller oder Tassen geben und mit Sahne und Petersilie garnieren.

* * *

Broccolicremesuppe mit Lachsstreifen

200 g Broccoli
1 l Wasser
$1/8$ l trockener Weißwein
1 Tl Zitronensaft
$1/2$ Tl Salz
Pfeffer aus der Mühle
1 Messerspitze gemahlene Muskatnuß
80 g Crème fraîche
50 g geräucherter Lachs

Den Broccoli unter fließendem kalten Wasser waschen. Den Strunk abschneiden, in 1 cm große Würfel schneiden und in einen großen Topf geben. Die Hälfte des Broccolis in kleine Röschen zerteilen, auf einen Teller legen und zur Seite stellen. Den restlichen Broccoli in den Topf zu den kleingeschnittenen Strunkteilen geben.
Wasser, Weißwein und Zitronensaft dazugießen und mit Salz, Pfeffer und etwas Muskat würzen. Zugedeckt bei mittlerer Hitze 30 Minuten kochen.
Vom Herd nehmen und den Broccoli mit einem Pürierstab pürieren. Die restlichen Röschen in die Suppe geben, den Topf wieder auf den Herd stellen und weitere 3 Minuten kochen.
Den Topf von der Herdplatte nehmen und langsam Crème fraîche mit einem Schneebesen unterziehen.

Den Lachs in Streifen schneiden.
Die Broccolisuppe in tiefe Teller geben und die Lachsstreifen darauf anrichten.
Mit Weißbrot servieren.

* * *

Minestrone

150 g Weißkraut
150 g Blumenkohlröschen
1 kleine Stange Lauch
1 mittelgroße Petersilienwurzel
1 kleine Zwiebel
1 mittelgroße Karotte
1 mittelgroße Kartoffel
2 El Olivenöl
100 g geräuchertes Wammerl, gewürfelt
2 Knoblauchzehen, geschält und zerdrückt
4 Blätter Basilikum, gehackt
1 El Tomatenmark
$3/4$ l Rinderbrühe
50 g Rigatoni
Zum Abschmecken: Salz, Pfeffer aus der Mühle

Nach Belieben: 60 g Parmesan

Den Strunk aus dem Weißkraut schneiden und die Blätter ablösen. Das Kraut waschen und in 1 cm große Würfel schneiden. Die Blumenkohlröschen waschen und eventuell zerteilen. Den Lauch halbieren, waschen und in etwa 1 cm breite Scheiben schneiden. Die Petersilienwurzel schälen und in dünne Scheiben schneiden. Die Zwiebel schälen und kleinhacken. Die Karotte und Kartoffel schälen und kleinwürfeln.
Öl in einem großen Topf erhitzen und die Zwiebel- und Speckwürfel glasig dünsten. Das vorbereitete Gemüse dazugeben und kurz mitandünsten. Knoblauch, Basilikum und Tomatenmark einrühren, mit Brühe aufgießen und 10 Minuten bei mittlerer Hitze kochen.
Die Nudeln in die Minestrone geben und die Suppe weitere 20 Minuten auf kleiner Flamme köcheln lassen. Dabei häufig umrühren.
Mit Salz und Pfeffer abschmecken und vor dem Servieren nach Belieben mit Parmesan bestreuen.

Biersuppe

2 Scheiben Weißbrot
4 El Butter
250 g trockenes Graubrot
1 l dunkles Bier
1 Tl Zucker
fein geriebene Schale einer halben, unbehandelten Zitrone

Das Weißbrot in ca. 1 cm große Würfel schneiden. Die Hälfte der Butter in einer Pfanne zergehen lassen und die Brotwürfel anrösten. Vom Herd nehmen und beiseite stellen.
Das Graubrot kleinreiben.
Die restliche Butter in einem Topf schmelzen und das Graubrot darin rösten. Mit dunklem Bier aufgießen, Zucker und geriebene Zitronenschale hinzugeben und aufkochen lassen.
Die gerösteten Weißbrotwürfel auf die Suppe geben und sofort servieren.

Fischsuppe mit Knoblauchcroutons

1 kleine Zwiebel
1 Karotte
½ kleiner Sellerie
1 Petersilienwurzel
1 kleiner Lauch
100 g Seeteufel
100 g Rotbarschfilet
25 g Butter
50 g Muschelfleisch
50 g Shrimps
¾ Tl Salz
Pfeffer aus der Mühle
½ Tl Worcestershiresauce
1 Tl Zitronensaft
1 Knoblauchzehe, geschält und zerdrückt
½ l Rinderbrühe
⅛ l trockener Weißwein
1 Bund Petersilie
4 cl Pernod

Die Zwiebel schälen und kleinhacken. Die Karotte putzen und in dünne Scheiben schneiden. Den Sellerie und die Petersilienwurzel schälen und würfeln. Den Lauch halbieren, waschen und in dünne Scheiben schneiden. Den Seeteufel und das Rotbarschfilet waschen und in etwa 1 cm große Würfel schneiden.
Das vorbereitete Gemüse in geschmolzener Butter kurz andünsten.
Den Fisch, die Muscheln und die Shrimps beigeben und mit etwas Salz, Pfeffer, Worcestershiresauce und Zitronensaft würzen. Den Knoblauch einrühren und mit Brühe und Weißwein aufgießen. Bei schwacher Hitze 20 Minuten köcheln lassen.
Die Petersilie waschen, feste Stiele entfernen und kleinhacken. Mit dem Pernod in die Suppe rühren.

<u>Für die Knoblauchcroutons:</u>
25 g Butter
1 Knoblauchzehe, geschält und zerdrückt
2 Scheiben Weißbrot, in kleine Würfel geschnitten

Butter in einer Pfanne schmelzen, den Knoblauch und die Brotwürfel hinein geben und solange braten, bis die Weißbrotwürfel goldgelb sind. Auf die Fischsuppe geben und sofort servieren.

Ich nehme keine Rücksicht, ich nemm Fisch

Das Reisen in Amerika

Die Zeit, die ich in Amerika zugebracht habe, muß ich als vollständig aus meinem Leben gestrichen betrachten.

Von dem Augenblick an, da ich in Cherbourg an Bord ging, bis zu meiner Wiedereinschiffung in New York, um in die Heimat zurückzukehren, vegetierte ich nur.

Vom Schiff ins Hotel, vom Hotel ins Theater, vom Theater ins Hotel oder zur Bahn – so ging es sechs lange Monate hindurch. Immer achtgeben, immer aufpassen, daß man sich nicht erkältet, keinen andern Gedanken im Kopfe, als: Nur ja nicht krank werden.

Täglich in einer andern Stadt erwachen, oft nur jeden dritten oder vierten Tag in einem Bett – das nicht fährt. –

Da zählt man freilich die Tage und Stunden bis zu dem Zeitpunkt, da es wieder nach Europa geht.

Allerdings wird einem das Reisen in Amerika so bequem gemacht, wie man es sich in Europa überhaupt nicht vorstellen kann.

Da fast alle Bahnen Privatbesitz sind, und es nach allen Richtungen verschiedene Linien gibt, die sich gegenseitig Konkurrenz machen, trachten die Gesellschaften, was Komfort betrifft, sich zu überbieten, um den Passagieren das Reisen so angenehm als möglich zu machen.

Bei meinem Eintreffen in New York hatte der Manager bereits alle Fahrten zusammengestellt, auf Grund von Offerten, die uns von den Eisenbahnverwaltungen zugekommen waren. Mein Drawingroom hatte ich für alle Fahrten reserviert, – ein großes Abteil, das im Nu in einen Schlafraum verwandelt werden konnte und tagsüber ein behagliches Zimmer mit Fauteuils, Sofa und Tisch sehen ließ.

Nebenan ein eigenes Badezimmer.

In allen größeren Stationen kamen Beamte ins Coupé, erkundigten sich, ob man zufrieden sei, irgendwelche Wünsche habe, brachten Beschreibungen der Reiseroute mit Bildern und Ansichtskarten mit und überboten sich in Aufmerksamkeiten.

So wurde eine Reise nach dem Westen, – Kalifornien, Seattle oder Victoria - die sechs bis sieben Tage dauerte, zu einer Quelle von Anregungen, wo man nichts von jener Müdigkeit fühlt, die sich bei uns bereits nach zwei- bis dreistündiger Eisenbahnfahrt einstellt.

Im Zuge gibt es einen Friseur, ein Schreibzimmer mit einem Schreibmaschinenfräulein, dem die Geschäftsleute ihre ganze Korrespondenz diktieren, dann ein Telephon, das in jeder Stadt eingeschaltet werden kann. Am Ende des Zuges befindet sich ein Aussichtswagen mit Riesenglasscheiben und bequemen Klubsesseln, außerdem eine offene Terrasse, von der aus man, gegen Wind geschützt und in Liegestühlen ausgestreckt, die Landschaft an sich vorbeiziehen lassen kann.

Der Zug gleitet – trotz der rasendsten Schnelligkeit – so ruhig, daß man schreiben und sich mit allerhand beschäftigen kann, ohne Gefahr laufen zu müssen, sich beim Reden die Zunge abzubeißen. – Nur so ist es möglich, die ungeheuren Strapazen zu ertragen.

Allerdings muß man trotzdem von guten Eltern sein, um den ständigen Klimawechsel wie auch die atemlose Hast, mit der drüben gearbeitet wird, auszuhalten.

Oft hieß es nach dreitägiger Bahnfahrt geradenwegs aus dem Zuge ins Theater eilen, sich rasch kostümieren, um eine Stunde später als Othello oder Samson auf der Bühne zu stehen.

Der Reklame wegen mußte ich mir einmal für eine kurze Zeit eine »Privatcar« mieten.

Das ist ein ganzer Waggon, der eine komplette Wohnung enthält, mehrere Schlafräume, Salon, Speisezimmer, Küche und Bad.

Ich hatte nicht nur meine Familie bei mir – meine Frau und Kinder begleiten mich überallhin –, auch unsere Wiener Dienstboten, inklusive der Köchin aus Brünn, fuhren mit, obschon uns von der Eisenbahngesellschaft ein schwarzer Koch und ein Neger, dem die Wartung des Waggons oblag, beigegeben worden waren.

Sogar ein kleines Harmonium hatte mir meine Klavierfirma in den Salon stellen lassen. – Schlaraffenland! –

Sang ich beispielsweise in einer Stadt des Westens, wurde der Waggon abgekoppelt, auf ein Seitengeleise geschoben und war Hotel. Abends fuhr ich dann nach dem Konzert an die Bahn, und in meiner Car erwartete mich schon ein strahlendes Nachtmahl –

greifen wir einmal, des Kontrastes mit dem wilden Westen wegen, ein märchenhaftes Kalbsgulasch mit wonneumwobenen Nockerln heraus. – Dazu echtes bayrisches Bier! – In Flaschen!

Meine Familie um mich, der Pianist, ein lustiger Venezianer, sorgte für Humor, so saßen wir bis spät in die Nacht, um schon am nächsten Morgen, inzwischen an einen fahrplanmäßigen Zug angehängt, wieder in einer andern Gegend zu erwachen.

Herrlich war's! Leider währte der schöne Traum nur knappe drei Wochen. – Er war zu teuer.

Sooft eine Reise vorbei war, tat mir das Herz weh – so schön ist sie gewesen, namentlich im Süden.

Atlanta – Florida – Texas – – – lauter unvergeßliche Eindrücke.

Aber auch im Norden von Canada – im Schnee und Eis – gab es Überwältigendes zu sehen.

Quebeck! –

Der Blick von dem auf einem Hügel liegenden Hotel Frontenac – es ist als alte Ritterburg eingerichtet, und man kann vor lauter Altertümern nirgends sitzen – wird mir unvergeßlich bleiben.

Der ungeheure Sankt-Lorenz-Strom, den man in seiner Breite kaum übersieht – man wähnt das Meer vor sich zu haben, gefroren, eine starre, bewegungslose Eismasse.

Aber so herrlich, fesselnd und anregend das alles war – das Herrlichste und Schönste blieb doch die Heimfahrt.

Das Gefühl: Heute geht es nach Hause, will einem die Brust sprengen – jubelnd geht man aufs Schiff.

Es kommen Freunde an Bord, Blumen, Früchte und gute Reisewünsche bringen sie. – Um zehn Uhr ertönt das Zeichen: Alles von Bord! – Die Brücken werden aufgezogen, die Musik spielt den Radetzkymarsch, der Koloß von einem Ozeandampfer wird mit kleinen Schleppern vom Pier in den Hafen gezogen, dort gewendet, und sobald er seinen Kurs hat, geht er langsam vorwärts mit eigener Kraft.

Man steht oben am Sonnendeck, die winkenden Menschen werden immer kleiner, bis sie verschwinden. – Alle Wolkenkratzer ziehen vorbei, nun hat man die Freiheitsstatue passiert, in einigen Stunden ist das Feuerschiff in Sicht – der Lotse geht von Bord, das Schiff bekommt Vollkraft, und der große, unermeßliche Ozean liegt vor uns.

Mag es nun stürmen und wettern, soviel es will, mögen einem die Magenwände noch so sehr zum Munde heraushängen, die Glückseligkeit überwiegt jeglichen Jammer.

Saiblingsfilet auf Basilikumrahmspiegel

4 Saiblinge, je 350 g, filetiert

Für den Fischsud:
1 mittelgroße Karotte
½ kleine Sellerieknolle
1 kleine Stange Lauch
1 l Wasser
¼ l trockener Weißwein
Saft einer halben Zitrone
2 Pfefferkörner
4 Wacholderbeeren
1 Lorbeerblatt

Die Saiblinge unter kaltem fließenden Wasser waschen.
Das Gemüse waschen, schälen und in mittelgroße Würfel schneiden.
Das Wasser mit dem Weißwein, den Gewürzen und dem vorbereiteten Gemüse in einem Topf zum Kochen bringen. Die Herdplatte abschalten, die Fischfilets einlegen und 15 Minuten ziehen lassen.

Für die Sauce:
30 g Butter
2 El Mehl
¼ l Rinderbrühe
2 El Crème fraîche
6 frische Blätter Basilikum, in feine Streifen geschnitten

Zum Garnieren: 4 frische Blätter Basilikum

Währenddessen Butter in einem mittelgroßen Topf schmelzen. Mehl mit einem Schneebesen einrühren und mit Brühe angießen. Unter ständigem Rühren zum Kochen bringen. Vom Herd nehmen und langsam die Crème fraîche und das Basilikum einrühren.
Die Sauce auf großen Tellern anrichten. Die Saiblingsfilets mit einem Schaumlöffel aus dem Sud heben und gut abtropfen lassen. Auf den Basilikumrahmspiegel legen und jedes Fischfilet mit einem Basilikumblatt garnieren.
Dazu serviert man Reis und Salat.

Schellfisch in Senfsauce

800 g Schellfisch
1 Karotte
1 Scheibe Sellerie
½ Zwiebel
1 kleine Stange Lauch
1¼ l Wasser
¼ l trockener Weißwein
Saft einer halben Zitrone
1 Tl Salz
2 Lorbeerblätter
4 Pfefferkörner
4 Wacholderbeeren

Den Schellfisch ausnehmen, putzen und in 2 cm dicke Scheiben schneiden. Die Karotte und den Sellerie schälen, waschen und würfeln. Die Zwiebel schälen und kleinhacken. Den Lauch halbieren, unter fließendem Wasser waschen und in dünne Scheiben schneiden. Das Wasser mit dem Weißwein, dem vorbereiteten Gemüse und den Gewürzen in einem großen Topf zum Kochen bringen und den Schellfisch einlegen. Die Temperatur reduzieren und bei kleiner Hitze 20 Minuten durchziehen lassen.

Für die Senfsauce:
1 kleine Zwiebel
30 g Butter
1 El Mehl
1 El Senf, mittelscharf
⅛ l trockener Weißwein
⅛ l Rinderbrühe
1 Prise Salz
Pfeffer aus der Mühle
2 El Crème fraîche

Währenddessen die Zwiebel schälen, in kleine Würfel schneiden und in geschmolzener Butter glasig dünsten. Mehl und Senf mit einem Schneebesen einrühren. Mit Weißwein und Brühe aufgießen, aufkochen lassen und mit Salz und Pfeffer würzen. Vom Herd nehmen und mit Crème fraîche verfeinern.

Den Schellfisch mit einem Schaumlöffel aus dem Fond heben und abtropfen lassen.

Die Senfsauce auf große Teller geben und den Fisch darauf anrichten.
Mit dünnen Bandnudeln servieren.

* * *

Zanderfilet Grenobler Art

4 Zanderfilets, je 200 g
Salz
Pfeffer aus der Mühle
Saft einer halben Zitrone
Worcestershiresauce
Mehl zum Wenden
100 g Butter
1 Zitrone
1 Bund Petersilie
100 g Butter
2 Scheiben Toastbrot,
in kleine Würfel geschnitten
2 El Kapern
einige Tropfen Worcestershiresauce

Küchenkrepp

Die Zanderfilets unter fließendem kalten Wasser waschen und mit Küchenkrepp abtupfen. Die Fische salzen, pfeffern und mit Zitronensaft und Worcestershiresauce beträufeln. Anschließend in Mehl wenden. Butter in einer Pfanne zergehen lassen und die Zanderfilets unter mehrmaligem Wenden ca. 20 Minuten braten. Den Fisch aus der Pfanne nehmen und kurz warmstellen. Die Zitrone schälen und in kleine Würfel schneiden. Die Petersilie waschen, feste Stiele entfernen, und kleinhacken.
Nochmals Butter in derselben Pfanne zergehen lassen und die Zitronen- und Brotwürfel und die Kapern kurz erwärmen. Worcestershiresauce und Petersilie einrühren und direkt aus der Pfanne über die Zanderfilets gießen.
Dazu reicht man Kartoffeln.

* * *

Gebratene Scholle mit Speck, Zwiebeln und Shrimps

4 ganze Schollen, ausgenommen
Salz
Pfeffer aus der Mühle
Saft einer halben Zitrone
Worcestershiresauce
Mehl zum Wenden
60 g Butter
100 g geräuchertes Wammerl,
in kleine Würfel geschnitten
200 g Shrimps
2 El frische, gehackte Petersilie

Küchenkrepp

Die Schollen unter fließendem kalten Wasser waschen und mit Küchenkrepp trockentupfen. Mit Salz und Pfeffer würzen und mit Zitronensaft und Worcestershiresauce beträufeln. In Mehl wenden. Butter in einer Pfanne schmelzen und die Fische unter häufigem Wenden ca. 20 Minuten braten. Aus der Pfanne nehmen und auf einer Platte warmstellen.
Die Zwiebel schälen und in Würfel schneiden.
Nochmals Butter in einer Pfanne zergehen lassen und darin Speck, Zwiebeln, Shrimps und Petersilie anbraten. Direkt aus der Pfanne über die Schollen gießen.
Mit Petersilienkartoffeln servieren.

* * *

Gebratenes Goldbarschfilet mit Bananen und Mandeln

4 Goldbarschfilets, je 180 g
Salz
Pfeffer aus der Mühle
Saft einer halben Zitrone
Worcestershiresauce
Mehl zum Wenden
60 g Butter
2 Bananen
40 g Butter
80 g Mandeln, gehobelt

Küchenkrepp

Die Goldbarschfilets unter fließendem kalten Wasser waschen und mit Küchenkrepp trockentupfen. Mit Salz und Pfeffer würzen und mit Zitronensaft und Worcestershiresauce beträufeln. Die Filets in Mehl wenden. Den Fisch in zerlassener Butter unter mehrmaligem Wenden ca. 15–20 Minuten braten.

Aus der Pfanne nehmen und auf Tellern warmstellen.
Die Bananen schälen und in Scheiben schneiden.
Nochmals Butter in derselben Pfanne erwärmen. Die Bananenscheiben und die Mandeln anbraten und direkt aus der Pfanne über die Fischfilets geben.
Dazu reicht man Petersilienkartoffeln.

※ ※ ※

Gebratener Saibling in Zitronenbutter

4 Saiblinge, je 300 g, ausgenommen
Salz
Saft einer halben Zitrone
Worcestershiresauce
Mehl zum Wenden
60 g Butter

Küchenkrepp

Die Saiblinge unter fließendem kalten Wasser waschen und mit Küchenkrepp trockentupfen. Die Fische innen und außen mit Salz einreiben und mit Zitronensaft und Worcestershiresauce beträufeln. Anschließend in Mehl wenden.
Die Saiblinge unter mehrmaligem Wenden in geschmolzener Butter 20–25 Minuten goldgelb braten. Aus der Pfanne nehmen und auf Tellern warmstellen.

Für die Zitronenbutter:
2 Zitronen
½ Bund Petersilie
60 g Butter
einige Tropfen Worcestershiresauce

Die Zitronen schälen und in Würfel schneiden. Die Petersilie waschen, feste Stiele entfernen, und kleinhacken.
Butter in derselben Pfanne zergehen lassen, die Zitronenwürfel und die Petersilie hineingeben und mit etwas Worcestershiresauce würzen. Gut durchrühren und direkt aus der Pfanne über die Saiblinge gießen.
Mit Kartoffeln und grünem Salat servieren.

Ich nehme keine Rücksicht, ich nemm Fisch!

Bei einem Diner wird Fisch serviert. Forellen. Herr Jelinek nimmt von den fünf Forellen drei von der Platte und legt sie auf seinen Teller. Da stammelt der entsetzte Diener: »Aber Herr Jelinek, nehmen Sie doch Rücksicht auf die anderen Gäste!« – Da sagt Herr Jelinek belehrend: „Ich nehme keine Rücksicht, ich nemm Fisch!"

Forellen »Duxelles«

Für die Füllung:
1 mittelgroße Zwiebel
2 mittelgroße Essiggurken
1 Tl Butter
3 El frische, gehackte Petersilie
2 El Senf, mittelscharf

Die Zwiebel schälen und in kleine Würfel schneiden. Die Essiggurken kleinwürfeln. Butter in einem kleinen Topf schmelzen und die Zwiebelwürfel darin glasig dünsten. Essiggurken, Petersilie und Senf dazugeben und unter ständigem Rühren erwärmen.

4 Forellen, je 300 g, ausgenommen
Salz
Pfeffer aus der Mühle
Saft einer halben Zitrone
Worcestershiresauce
Mehl zum Wenden
80 g Butter

Küchenkrepp
4 Zahnstocher

Die Forellen waschen und mit Küchenkrepp trockentupfen. Die Innenseite der Fische mit Salz und Pfeffer einreiben und mit Zitronensaft und Worcestershiresauce beträufeln. Die Forellen locker mit der vorbereiteten Füllung füllen und die Bauchöffnung jeweils mit einem Zahnstocher zustecken. Die Fische jetzt auch außen mit Salz und Pfeffer einreiben und mit Zitronensaft und Worcestershiresauce beträufeln. In Mehl wenden. In geschmolzener Butter bei mittlerer Hitze unter häufigem Wenden ca. 25 Minuten braten. Vor dem Servieren die Zahnstocher entfernen. Die Fische auf Tellern anrichten und mit der Bratenbutter übergießen. Als Beilage eignen sich Kartoffeln und Kopfsalat.

* * *

Miesmuscheln in Tomatensauce

1 Zwiebel
10 Tomaten
2 kg Miesmuscheln
2 Knoblauchzehen, geschält und zerdrückt
3 El Olivenöl
4 Blätter Basilikum, gehackt
Saft einer halben Zitrone
$1/2$ Tl Salz
1 kleine Prise Cayennepfeffer
$1/8$ l trockener Weißwein

Die Zwiebel schälen und in kleine Würfel schneiden. Die Tomaten mit heißem Wasser überbrühen, mit kaltem Wasser abschrecken, die Haut abziehen, aushöhlen und würfeln. Die Miesmuscheln putzen und gründlich waschen.
Die Zwiebeln und den Knoblauch im heißen Olivenöl glasig dünsten.
Die Muscheln, Tomatenwürfel und das Basilikum dazugeben, mit Zitronensaft, Salz und Cayennepfeffer würzen und mit Weißwein angießen. Unter häufigem Schwenken zugedeckt etwa 10 Minuten kochen.
Die Muscheln mit der Tomatensauce anrichten und Baguette dazu reichen.

* * *

Riesengarnelen

16 Riesengarnelen, je 90 g
Salz
Pfeffer aus der Mühle
Saft einer halben Zitrone
Worcestershiresauce
$1/2$ Zwiebel
1 El Öl
1 Knoblauchzehe, geschält und kleingehackt

Küchenkrepp

Die Riesengarnelen bis zum Schwanzstück halbieren und die Därme entfernen. Unter kaltem fließenden Wasser waschen und mit Küchenkrepp trockentupfen. Mit Salz und Pfeffer würzen und mit Zitronensaft und Worcestershiresauce beträufeln. Die Zwiebel schälen und in kleine Würfel schneiden. Öl in einer großen Pfanne erhitzen und die Zwiebeln und den Knoblauch hineingeben. Die Garnelen mit der Schalenseite nach oben daraufsetzen und bei mittlerer Hitze etwa 8 Minuten zugedeckt braten, bis sich die Schale leicht vom Fleisch wölbt. Aus der Pfanne nehmen und sofort servieren. Als Beilage eignen sich Baguette, verschiedene Salate und eine Knoblauch- oder Cocktailsauce.

Innig geliebte Eltern

Innig geliebte Eltern!
Also das ist eine Fahrerei.
Elf Tage nach Neuyork.
Zum Auswachsen ist das, danebenher rennen könnte man.
Die See ist ziemlich ruhig, nur zu ruhig, ich habe es gerne, wenn sich etwas rührt.
Vorgestern war es allerdings ein bisserl arg, das Wasser spülte über das Schiff, alles flog hin und her, die Flaschen waren auf den Tischen festgemacht, und der Speisesaal leer.
Gestern, beim Lunch, als ich mir noch einen halben Hummer auf den Teller legte, rief mir der Kapitän lachend zu: »Herr Slezak, nicht so viel essen, die Großmama hat es verboten.«
Ich lachte und aß weiter.
Als ich mir vom Braten noch einmal geben ließ, rief er wieder herüber. »Herr Slezak, nicht so viel essen, die Großmama hat es verboten.«
Nach Tisch ging ich auf Deck, rauchte meine Zigarre, beugte mich über die Reling und ließ mir den Wind um die Ohren blasen.
Da klopfte mir der Kapitän auf die Schulter und sagte: »Herr Slezak, nicht über die Reling beugen, die Großmama hat es verboten.«
Jetzt riß mir die Geduld und ich fragte, was denn das mit der Großmama zu bedeuten habe.
Er reichte mir einen Brief folgenden Inhalts:

Sehr geehrter Herr Kapitän!
Mein Enkel Walter Slezak fährt mit Ihnen nach Amerika.
Fahren Sie vorsichtig.
Bitt Sie, geben Sie obacht, daß er nicht ins Wasser fällt, und lassen Sie ihn nicht zuviel essen, das hat er von seinem Vater.
Schauen Sie halt ein bissel auf den Buben.
Es grüßt Sie herzlich, die Großmutter von Walter Slezak

Diesen Brief habe ich, lieber Papa, Deinem sonnigen Humor zu danken.
Es hat sich wie ein Lauffeuer auf dem Schiff herumgesprochen, und jetzt wird jeder Bissen, den ich in den Mund stecke, von den Passagieren beobachtet und mit scherzhaft sein sollenden Drohungen quittiert. Wann wirst Du, lieber Papa, endlich einmal ernster werden?
(Aus dem Briefwechsel mit dem Sohn)

Languste mit pikanter Mayonnaise

2 kg frisch getötete Langusten
Salz
Pfeffer aus der Mühle
Saft einer halben Zitrone
Worcestershiresauce
40 g Butter
$1/8$ l trockener Weißwein

Küchenkrepp

Die Langusten der Länge nach halbieren und den Darm entfernen. Leber und Roggen herausnehmen und für die Mayonnaise zur Seite legen. Die Langusten unter fließendem Wasser säubern und mit Küchenkrepp trockentupfen. Mit Salz und Pfeffer würzen und mit Zitronensaft und Worcestershiresauce beträufeln.
Butter in einer großen Pfanne schmelzen, die Langusten mit der Schalenseite nach oben hineinlegen und anbraten. Mit Weißwein ablöschen und zugedeckt 10–15 Minuten bei kleiner Hitze garen, bis sich die Schale leicht vom Fleisch wölbt.

Für die Mayonnaise:

2 Eidotter
$1/4$ l Olivenöl
Roggen und Leber von einer Languste, kleingehackt.
Zum Abschmecken: Salz, Pfeffer aus der Mühle, einige Tropfen Zitronensaft.
In der Zwischenzeit die Eidotter in einer Schüssel mit einem Schneebesen verquirlen. Langsam, unter ständigem Rühren, Öl zugießen bis eine feste Creme entsteht. Roggen und Leber einrühren und mit Salz, Pfeffer und etwas Zitronensaft abschmecken. Die Langusten auf einer großen Platte anrichten und die Mayonnaise und Baguette dazu reichen.

Gegrillter Hummer

2 Hummer, getötet
Salz
Pfeffer aus der Mühle
Saft einer halben Zitrone
1 El Öl

Küchenkrepp

Die Hummer der Länge nach halbieren und Magen und Darm entfernen. Unter kaltem fließenden Wasser waschen und mit Küchenkrepp trockentupfen. Salzen und pfeffern und mit Zitronensaft beträufeln. Den Rost eines Holzkohlengrills mit Öl einstreichen und die Hummerhälften etwa 15 Minuten grillen, bis sich die Schale leicht vom Fleisch wölbt. Dabei häufig wenden. Mit Salat, Baguette und Mayonnaise servieren.

Hummerragout mit Morcheln

2 Hummer, je 600 g
Salz
Pfeffer aus der Mühle
Saft einer halben Zitrone
Worcestershiresauce
40 g Butter
$1/8$ l trockener Weißwein

Küchenkrepp

Die Hummer der Länge nach halbieren, die Därme entfernen, und unter kaltem fließenden Wasser waschen. Mit Küchenkrepp trockentupfen. Die Krustentiere salzen, pfeffern und mit Zitronensaft und Worcestershiresauce beträufeln.
Butter in einer großen Pfanne zergehen lassen, die Hummerhälften mit der Schalenseite nach oben hineinlegen und anbraten. Mit Weißwein ablöschen und zugedeckt 15–20 Minuten bei kleiner Hitze garen.

Für die Sauce:

30 g Morcheln, getrocknet
$1/4$ l trockener Weißwein
1 kleine Zwiebel
30 g Hummerbutter
2 El Mehl
$1/8$ l Rinderbrühe
1 Prise Salz
weißer Pfeffer aus der Mühle
etwas Zitronensaft
2 cl Cognac
75 g Crème fraîche

Währenddessen die Morcheln mit einem Schuß Weißwein bedecken und auf-

weichen. Die Zwiebel schälen und in kleine Würfel schneiden.
Die Hummerbutter in einer kleinen Pfanne schmelzen und die Zwiebelwürfel darin glasig dünsten. Das Mehl mit einem Schneebesen einrühren und mit Brühe und dem restlichen Weißwein aufgießen. Mit Salz, Pfeffer und etwas Zitronensaft würzen und 5 Minuten leicht köcheln lassen.
Vom Herd nehmen und mit Cognac und Crème fraîche verfeinern.
Die Hummerhälften aus der Pfanne nehmen, das Fleisch auslösen und in etwa 2 cm große Stücke schneiden. In die Sauce geben und mit wildem Reis und Feldsalat servieren.

* * *

Krebse in Dillrahmsauce

1 Karotte
1 Scheibe Sellerie
1 kleine Stange Lauch
½ Zwiebel
2 l Wasser
¼ l trockener Weißwein
3 El Essig
4 Wacholderbeeren
2 Pfefferkörner
2 Lorbeerblätter
1 gestrichener El Salz
2 kg Flußkrebse, lebend

Die Karotte, den Sellerie und den Lauch sorgfältig putzen, waschen und würfeln.
Die Zwiebel schälen und in kleine Würfel schneiden.
Das Wasser mit dem Weißwein, dem Essig, dem vorbereiteten Gemüse und den Gewürzen zum Kochen bringen.
Die Krebse einzeln, mit dem Kopf voraus, in das kochende Wasser geben und etwa 10 Minuten kochen, bis sie an der Oberfläche schwimmen. Mit einem Schaumlöffel aus dem Sud heben und abkühlen lassen. Den Krebsfond zum weiteren Gebrauch beiseite stellen.
Die abgekühlten Flußkrebse in der Mitte auseinanderbrechen, das Schwanzstück und die Scheren aufbrechen, und das Fleisch auslösen.
Auf einem Teller beiseite stellen.

Für die Dillrahmsauce:
50 g Butter
3 El Mehl
⅜ l Fond von den Krebsen
1 El frische, gehackte Dillspitzen
75 g Crème fraîche

Butter in einem Topf schmelzen und Mehl mit einem Schneebesen einrühren. Den Krebsfond durch ein Sieb dazugießen, gut durchrühren und aufkochen lassen. Vom Herd nehmen und etwa die Hälfte Dill und die Crème fraîche einrühren.
Das Krebsfleisch in die Dillrahmsauce geben und kurz erwärmen. Auf Teller geben und mit dem restlichen Dill garnieren.
Als Beilage eignet sich Reis oder wilder Reis

* * *

Krebsgulasch

3 Scharlotten
4 Tomaten
50 g Champignons
30 g Butter
500 g Krebsfleisch
⅛ l trockener Weißwein
2 El Weinbrand
1 El frische Schnittlauchröllchen
1 El frische, gehackte Petersilie
4 Blätter Basilikum, in Streifen geschnitten
⅛ l flüssige Sahne
Zum Abschmecken: Salz, Cayennepfeffer, etwas Zitronensaft

Die Scharlotten schälen und kleinwürfeln.
Die Tomaten überbrühen, abschrecken, schälen, aushöhlen und in Würfel schneiden. Die Champignons putzen, waschen und in Scheiben schneiden.
Die Zwiebeln, Tomaten und Champignons in zerlassener Butter 5 Minuten in einem mittelgroßen Topf schmoren. Die Krebsschwänze dazugeben, mit Weißwein und Weinbrand aufgießen und weitere 5 Minuten köcheln lassen. Die Kräuter über das Gulasch streuen, die Sahne unterrühren und mit Salz, Cayennepfeffer und Zitronensaft abschmecken.
Als Beilage eignet sich Butterreis.

Leichte Gerichte aus dem »Hungerhof«

Der Umstand, daß ich vollschlank bin, schafft Leiden...

Mein geliebter, aber unverschämter Sohn!

Du frägst mich, mein Kind, warum ich Dir auf Deine drei, auf der Post verlorengegangenen Briefe nicht geantwortet habe, und nennst mich bei dieser Gelegenheit einen würdigen Greis.

Du weißt, Du Lausbube, daß dieser Spaß mit den auf der Post verlorengegangenen Briefen bereits unzählige Male von mir gemacht wurde und kein Aas mehr darüber lacht.

Für alle Fälle ersuche ich Dich, in Zukunft bei solchen alten Scherzen wenigstens um Quellenangabe.

Du Plagiator.

Indem ich Dein Gesicht mit Ohrfeigen bedecke, schreibe ich Dir dennoch, um Dir zu schildern, wie Dein bejahrter Vater leidet, und welch trauriges Leben er führt.

Also wir sind im Prießnitzsanatorium in Gräfenberg.

Ich habe das Sanatorium humorvoll und treffend Frißnixsanatorium genannt.

Ich will Dir gestehen, daß ich mich da mit fremden Federn schmücke, der Name »Frißnix« ist schon jahrzehntelange Überlieferung, und nicht von mir.

Der Umstand, daß ich vollschlank bin, schafft Leiden, von denen Du Frechling keine Ahnung hast.

Ich hungere.

Hungere wirklich, und jede Regung, zum Greißler zu gehen und diesen Zustand zu mildern, wird von Deiner Mutter im Keime erstickt, denn Sie geht mir nicht von der Falte.

Doch vorerst will ich Dir alles Millieuartige schildern, um dann auf die Kur, und damit auf den Kern meiner Qualen überzugehen.

Es ist sehr schön hier, wir haben ein angenehmes Zimmer mit einem Riesenbalkon, alles ist gut und freundlich zu mir, aber es wird gebaut.

Nicht im landläufigen Sinne, sondern es wird auf Fels gebaut.

Jeden Augenblick wird gesprengt, mit Dynamit und Ekrasit.

Da kracht und knallt es, wie im Krieg.

Man erschrickt immer so schön und sieht interessiert nach, wer gewonnen hat.

Wir erschrecken auch, wenn nicht geschossen wird, und fahren ohne Grund zusammen.

Man hält uns für Soloveitstänzer.

Ferner gibt es Schotterverkleinerungsmaschinen, die kreischen und heulen, daß man aus Nervosität die Mauern emporklimmen und zum Fassadenkletterer werden möchte.

Alles das ist aber nichts im Vergleich zu den zahllosen Schubkarren, die derart pfeifen und stöhnen, daß man sich am liebsten in sein Schwert stürzen möchte.

Aus diesem Grunde wirst Du in dem ganzen Sanatorium nicht ein einziges Schwert finden.

Ich ging hinunter und bat alle zweiundvierzig Schubkarrenlenker inständigst, sie mögen doch die Räder mit Öl einschmieren, und bestach sie mit Geld.

Umsonst. Sie pfeifen weiter, und all der Mammon, den ich investierte, war verloren.

Aber im nächsten Jahre, wenn der Bau prächtig, wie Walhall, dasteht, wird es herrlich.

Ich komme nie wieder.

Erst hat man mich vor einen Schirm gestellt und durchleuchtet.

Aus der Röntgenaufnahme entnahm man, daß ich zu dick bin und abnehmen muß.

Das hat man vorher noch nicht gewußt.

Hernach hat man mir einen Gummipatzen in den Mund gesteckt, vor dem mir ungewöhnlich grauste.

Die Versicherung des Arztes, daß er ausgekocht sei, hat an diesem scheußlichen Gefühl nichts geändert.

An oben erwähnten Gummipatzen wurde ein Schlauch gesteckt und ich mußte Sauerstoff einatmen.

Das nennt man, wissenschaftlich: Bestimmung des Grundumsatzes.

Dieser Grundumsatz bestimmte, daß ich nichts zu essen kriege.

Meine Tageseinteilung ist sehr interessant und aufreibend.

Um fünf Uhr morgens werde ich von einem unfreundlichen Manne in ein nasses Leintuch gewickelt und noch in drei Filzdecken gerollt, wie ein Apfelstrudel.

Wenn sich eine Fliege auf mein Gesicht setzte, mußte ich um Hilfe rufen.

Ein Wassermann kam, sie wegzujagen.

Du ahnst nicht, mein Kind, wie klug so eine Fliege sein kann. Wenn der Wasserspezialist kommt, fliegt sie weg, geht er fort, kommt sie wieder, setzt sich auf die Nase und kitzelt.

Zum Verrücktwerden.

So muß ich eine Stunde liegen, und man rät mir, zu schlummern.

Wenn ich nicht schlummere, ist es dasselbe.

Dann wird man ins Halbbad geführt, in eine Wanne gesetzt und von dem oben erwähnten Hydrauliker mit einer Bürste frottiert.

Zum Schluß geht man auf die Waage und hat ein halbes Kilo zugenommen.

Nach dieser beglückenden Feststellung gehe ich in meine Kemenate, ziehe mich so wunderschön an, daß die Leute bei meinem Anblick, wie der Chor im Lohengrin, voll Bewunderung ausrufen: Seht, wie schön er ist.

Nach dem Frühstück wird Tennis gespielt.

Beim Tennisspiel gibt es immer viele Zuschauer, die sich Äste lachen.

Ich werde viel photographiert, was sehr unerfreulich ist, weil man mit Erstaunen feststellen kann, wie entsetzlich man in verschiedenen Augenblicken auszusehen vermag.

Diese Bilder werden im Ort beim Friseur verkauft und mir zur Unterschrift vorgelegt.

Sie rauben Deinem Vater als Tragöden jeden Nimbus.

Geliebter Sohn, dann muß ich rennen.

Von einer Quelle zur andern, die alle im weiten, dunklen Walde verstreut liegen und die man nur durch hochtouristische Leistungen erreichen kann.

Man nennt das: Spazierengehen.

Wenn man bei so einer Quelle angelangt ist, muß man diesen Eselsweg wieder zurückschlurfen.

Mir hängen sämtliche Quellen zum Halse heraus.

Ferner, o Knabe, ist eine Bergkoppe da, um die muß ich auch herumrasen.

Kaum sitze ich einen Augenblick und will beschaulich sein, ruft ein Brünner Freund: »Leo, um die Koppe.«

Deine liebe Mutter flötet: »Leo, um die Koppe.«

Die anderen Gäste, die sich alle als meine Erzieher fühlen, rufen im Chor: »Herr Kammersänger, um die Koppe.«

Das Wort Koppe löste bei mir ein Meer von Galle aus.

Wenn es schüttet, daß man von Rechts wegen nur in der Badehose herumrennen sollte, muß ich um die Koppe.

Dann kommt das Mittagessen.

Neben, vor und hinter mir, essen sie die besten Sachen, und ich habe einen Rahmen auf dem Tisch, mit drei grünen Streifen.

Das bedeutet – strenge Diät.

In homöopathischen Quantitäten bekomme ich Sachen vor mich hingestellt, die ich normal mit Entrüstung zurückweisen würde.

Alles fettlos, mit Sacharin gekocht, und lauter Salat.

Salat in Hekatomben – ich dürfte ein Ziegenbock sein.

Dann muß man sitzenbleiben, bis alle fertiggegessen haben und einer der Herrn Ärzte »Mahlzeit« ruft.

So vergeht der Tag mit nassem Leintuch, Quelle, Koppe, Salat und Hungern.

Endlich war sie da, die Abschiedsstunde.

Nach diesen drei Wochen als Wunderfakir hatte ich die Nase voll und wir fuhren im offenen Wagen, unter Akklamation der Ärzte, des ganzen Personals, der Schwestern, Badediener und aller Mitpatienten, aus dem Hofe heraus.

Unserem Chauffeur Josef rief man noch nach, er solle auf mich aufpassen und strenge sein mit mir.

Alles winkte und alles rief im Chor: »Leo, um die Koppe – Leo, weiterhungern.«

Zum Abschied gab es uns zu Ehren noch einen besonders gelungenen Knall – wir erschraken noch einmal intensiv, und dahin ging es ins Leben, in die Freiheit.

Wir kamen bis Görlitz, wo ich, trotz Mamis verschleiertem Madonnenblick und ihrem milden Flüstern: »Leo, dein Bauch«, mich ordentlich sattaß und drei Krügel Bier auf das Sanatorium leerte.

Nun sind wir wieder drei Tage daheim, ich habe mich gewogen und besitze zweieinhalb Kilo mehr, als vor der Hungerkur.

Mami wiegt das Essen, in die Küche darf ich nicht.

Heute ging ich ohne jede böse Absicht durch diese, da sagte unsere Köchin: »Ich bitt schön, Herr Kammersänger, die gnä Frau hat angschafft, ich darf den Herrn Kammersänger nicht in der Kuchel lassen, weil der Herr Kammersänger immer aus die Heferln herausklezelt, und das ist schlecht für den Herrn Kammersänger.«

Alles bevormundet mich, jeder ist streng mit mir.

Das ist keine Stellung mehr, das ist schon eine Position.

Komme nach Hause, mein kindlicher Menschendarsteller, damit ich in dem Wirrsal von Weibern wenigstens einen Mann habe, der zu mir hält.

Da gehen wir heimlich zur Rosel Grieblinger, die hat einen Leberkäs, der ist ein Märchen aus Tausendundeiner Nacht.

Nun viele Bussi, mein geliebtes Kind, und gewöhne Dir ab, mich immer einen würdigen Greis zu nennen, denn ich bin weder würdig noch ein Greis, sondern Dein geradezu aufreizend rüstiger

Vater

(Aus dem Briefwechsel mit dem Sohn)

Kalbsfrikassee mit Spargel

1 Zwiebel
6 Nelken
2 Lorbeerblätter
1½ l Wasser
600 g Kalbsschulter, in 3 cm
große Würfel geschnitten
1 Zweig Dill
1 Stengel Petersilie
3 Blätter Liebstöckel
2 Blätter Basilikum, in Streifen geschnitten
1 Stengel Estragon
2 Blätter Salbei

Die Zwiebel mit den Lorbeerblättern und den Nelken spicken.
Einen großen Topf mit Wasser aufsetzen und zum Kochen bringen. Das Kalbfleisch, die gespickte Zwiebel und die Kräuter in das kochende Wasser geben.
Falls keine Kräuter zur Hand sind, kann 1 Tl Salz als Ersatz dienen.
35–40 Minuten kochen, bis das Fleisch gar ist.

Für den Spargel:
250 g Spargel
1 l Wasser
⅛ l trockener Weißwein
1 El Zucker
1 El Salz
Saft einer halben Zitrone

Währenddessen den Spargel sorgfältig schälen und unten an der Schnittstelle etwa 1 cm abbrechen. Wasser, Weißwein, Zucker, Salz und Zitronensaft in einem Topf zum Kochen bringen. Den Spargel in das kochende Wasser einlegen, etwa 10 Minuten kochen, vom Herd nehmen und weitere 10 Minuten ziehen lassen. Mit einem Schaumlöffel aus dem Wasser heben, abtropfen lassen und in 2–3 cm große Stücke schneiden.

3 El Stärke
⅛ l trockener Weißwein
100 g Sauerrahm

Stärke und Weißwein in einer Schüssel anrühren.
Das Kalbfleisch und die Zwiebel mit einem Schaumlöffel aus dem Wasser heben. Das Fleisch beiseite stellen. Die Stärke langsam in den Sud einrühren, bis er schön sämig ist.
Den Sauerrahm mit einem Scheebesen sorgfältig glatt rühren, um ein Ausflocken im Frikassee zu verhindern.

Den Topf vom Herd nehmen, den Sauerrahm einrühren und das Fleisch und den Spargel in die Sauce geben.
Als Beilage eignet sich Reis.

* * *

Kalbsfilet mit frischen Champignons

800 g Kalbsfilet, in etwa 3 cm dicke Scheiben geschnitten
Salz
Pfeffer aus der Mühle
300 g Champignons
1 kleine Zwiebel
1 El Öl
$1/8$ l trockener Weißwein
$1/2$ Tl Zitronensaft
1 El frische, gehackte Petersilie

Küchenkrepp

Das Kalbsfilet waschen, mit Küchenkrepp trockentupfen, salzen und pfeffern. Die Champignons putzen, waschen und in dünne Scheiben schneiden. Die Zwiebel schälen und kleinwürfeln. Öl in einer Pfanne erhitzen und die Filetscheiben 8 Minuten bei mittlerer Hitze garen. Dabei mehrmals wenden.
Das Fleisch aus der Pfanne nehmen und warmstellen.
Die Zwiebeln und die Champignons in die Pfanne geben und kurz andünsten. Weißwein und Zitronensaft dazugießen, mit Salz und Pfeffer leicht würzen und die Petersilie darüberstreuen. 5 Minuten zugedeckt bei mittlerer Hitze dünsten.
Die Kalbsmedaillons auf Tellern anrichten, die Champignons darübergeben und mit Reis oder Kartoffeln servieren.

* * *

Spargel mit Hühnerbrüstchen

Für den Spargel:
1 kg weißer Spargel
1 l Wasser
$1/4$ l trockener Weißwein
Saft einer halben Zitrone
1 El Salz
1 El Zucker

Den Spargel vorsichtig nach unten zur Schnittstelle schälen, damit die Spitzen nicht abbrechen. Am unteren Ende ca. 1 cm abbrechen. Darauf achten, daß der Spargel gründlich geschält ist, damit er nicht bitter schmeckt.
In einem großen Topf Wasser, Weißwein, Zitronensaft, Salz und Zucker zum Kochen bringen und den Spargel einlegen. Die Temperatur reduzieren und den Spargel bei mittlerer Hitze 10 Minuten kochen.
Vom Herd nehmen und weitere 10 Minuten ziehen lassen.

4 Hühnerbrüstchen
Salz
Pfeffer aus der Mühle
1 El Öl

Küchenkrepp

Währenddessen die Hühnerbrüstchen waschen und mit Küchenkrepp trockentupfen. Mit Salz und Pfeffer würzen.
Öl in einer Pfanne erhitzen und die Hühnerbrüstchen bei mittlerer Hitze 10 Minuten garen. Dabei mehrmals wenden.

Den Spargel aus dem Sud heben, abtropfen lassen und auf Teller legen. Die Hühnerbrüstchen in dünne Scheiben schneiden und neben dem Spargel anrichten.
Mit Petersilienkartoffeln servieren.

* * *

Hühnerfrikassee

2 Karotten
1 Stange Lauch
$1/2$ Zwiebel
1 Scheibe Sellerie
2 l Wasser
2 Lorbeerblätter
4 Nelken
6 Wacholderbeeren
6 Pfefferkörner
2 kleine Blätter Liebstöckel
1 Suppenhuhn, ca. 1 kg, geviertelt
40 g Mehl
100 g Sauerrahm

Zum Abschmecken: Salz, Pfeffer aus der Mühle, Worcestershiresauce

Die Karotten putzen, waschen und in Scheiben schneiden. Den Lauch halbieren, waschen und in 1 cm dicke Scheiben schneiden. Die Zwiebel schälen und würfeln. Den Sellerie waschen und kleinschneiden.
Einen großen Topf mit Wasser, dem vorbereiteten Gemüse und den Gewürzen aufsetzen. Die Hühnerviertel hineingeben und etwa 1 bis 1½ Stunden kochen, bis sie gar sind.
Die Hühnerteile aus dem Topf nehmen, die Haut abziehen und das Fleisch von den Knochen lösen. In 5–6 cm große Stücke schneiden. Das Gemüse mit einem Schaumlöffel aus dem Fond heben.
Mehl mit Sauerrahm glattrühren und langsam in den Fond einrühren, bis die Sauce sämig ist.
Den Fond durch ein feines Sieb passieren und mit Salz, Pfeffer und Worcestershiresauce abschmecken. Das Hühnerfleisch und das Gemüse in die Sauce zurückgeben, kurz erwärmen und mit Reis servieren.

* * *

Bunte Reispfanne mit Hühnerbruststreifen

1 El Butter
2 Tassen Reis
5 Tassen Wasser
½ Tl Salz

Butter in einem Topf zum Schmelzen bringen. Den Reis einrühren, mit Wasser aufgießen und Salz dazugeben. Zugedeckt ca. 20 Minuten bei mittlerer Hitze kochen, bis der Reis schön kernig ist.

300 g Hühnerbrust, gehäutet und entbeint
Salz
Pfeffer aus der Mühle
100 g Champignons
1 kleine Zucchini
4 Tomaten
1 kleine Zwiebel
½ grüne Paprikaschote
½ rote Paprikaschote
½ gelbe Paprikaschote

1 El Öl
¼ l Rinderbrühe
2 El Sojasauce
Zum Abschmecken: Salz, Pfeffer aus der Mühle
Nach Belieben: Sambal Oelek

Küchenkrepp

Währenddessen die Hühnerbrüstchen unter kaltem, fließenden Wasser waschen und mit Küchenkrepp trockentupfen. In dünne Streifen schneiden und mit Salz und etwas Pfeffer würzen.
Die Champignons und Zucchini putzen, waschen und in dünne Scheiben schneiden. Die Tomaten waschen, den Strunk entfernen, vierteln und in Scheiben schneiden. Die Zwiebel schälen und kleinwürfeln. Trennwände, Stielansätze und Kerne von den Paprikaschoten entfernen. Die Hälften waschen und in ½ cm große Würfel schneiden.
Öl in einer großen Pfanne erhitzen. Das Hühnerfleisch auf beiden Seiten gut anbraten, die Zwiebeln, Paprika und Champignons dazugeben und 5 Minuten schmoren lassen. Die Zucchini und Tomaten beifügen und mit Rinderbrühe aufgießen.

Den Reis und die Sojasauce unter das Gemüse mischen und 10 Minuten bei mittlerer Hitze fertig garen. Vor dem Servieren mit Salz und Pfeffer abschmecken und, wer es scharf mag, mit Sambal Oelek würzen.

* * *

Kalbsnierchen in leichter Senfsauce

2 Kalbsnierchen, über Nacht in kaltes Wasser eingelegt

1 Zwiebel
50 g Butter
Salz
Pfeffer aus der Mühle
1 El Mehl
1 Tl Dijon-Senf
⅛ l Rinderbrühe
1 El Sauerrahm

Zum Abschmecken: Salz, Pfeffer aus der Mühle

Die Kalbsnierchen aus dem Wasser nehmen, halbieren und Fett und Sehnen mit einem scharfen Messer herausschneiden. Unter fließendem Wasser säubern und in dünne Scheiben schneiden.
Die Zwiebel schälen und kleinwürfeln.
Butter in einer Pfanne schmelzen und die Nierchen und die Zwiebeln 10 Minuten braten. Dabei häufig umrühren.
Die Nierchen nach dem Braten salzen und pfeffern, so daß sie schön zart bleiben.
Mit Mehl bestäuben, den Senf beigeben und mit Rinderbrühe aufgießen.
10 Minuten köcheln lassen. Den Sauerrahm glattrühren, unter die Sauce ziehen und kurz aufkochen lassen. Mit Salz und Pfeffer abschmecken. Vom Herd nehmen und sofort servieren.
Schmeckt vorzüglich zu wildem Reis und Salat.

* * *

Kalbsleberschnitte mit Äpfeln und Zwiebeln

2 Zwiebeln
2 Äpfel (Boskop)
25 g Butter
1 El Speiseöl
4 Scheiben Kalbsleber, je 180 g, ohne Haut
Mehl zum Wenden
Salz
Pfeffer aus der Mühle
¼ l Rinderbrühe
½ Tl Majoran

Die Zwiebeln schälen, vierteln und in feine Scheiben schneiden. Die Äpfel schälen, vierteln, die Gehäuse rausschneiden und ebenfalls in Scheiben schneiden. Butter und Öl in einer Pfanne erhitzen. Die Kalbsleberscheiben in Mehl wenden und auf beiden Seiten jeweils 3–4 Minuten im heißen Fett braten.
Die Leber aus der Pfanne nehmen und mit Salz und Pfeffer würzen.

Die Zwiebel- und Apfelscheiben in derselben Pfanne goldgelb rösten. Mit Brühe aufgießen und ca. 5 Minuten bei mittlerer Hitze zugedeckt kochen lassen. Den Majoran zugeben und gut durchrühren.
Die gebratenen Leberscheiben in der Sauce noch einmal kurz erwärmen. Auf Teller geben und die Zwiebel- und Apfelscheiben auf der Leber anrichten.
Dazu reicht man Kartoffelbrei und Salat.

* * *

Gefüllte Aubergine

1 Zwiebel
8 Tomaten
6 Zucchini
1 Tl Butter
1 El Kräuter der Provence
1 Knoblauchzehe, geschält und zerdrückt
½ Tl Salz
Pfeffer aus der Mühle
2 mittelgroße Auberginen
1 Tl Butter
50 g geriebener Emmentaler
⅛ l Wasser, ⅛ l trockener Weißwein

Das Ofenrohr auf 180 Grad vorheizen

Die Zwiebel schälen und kleinhacken. Die Tomaten mit kochendem Wasser überbrühen und mit kaltem Wasser abschrecken. Die Haut abziehen, die Kerne entfernen, und das Fruchtfleisch würfeln. Die Zucchini waschen, schälen, halbieren und in Scheiben schneiden. Butter in einer Pfanne erhitzen und die Zwiebeln, das Gemüse, die Kräuter der Provence und den Knoblauch in die Pfanne geben. Mit Salz und Pfeffer würzen und ca. 8 Minuten dünsten, bis das Gemüse bißfest ist. Vom Herd nehmen und beiseite stellen. Die Auberginen längs halbieren, aushöhlen und mit dem gedünsteten Gemüse füllen.
Butter in einer Bratreine schmelzen. Die gefüllten Auberginenhälften hineinlegen, den Käse darüberstreuen und mit Wasser und Weißwein angießen. Im vorgeheizten Rohr 20–25 Minuten garen, bis der Käse geschmolzen ist und eine schöne goldbraune Farbe hat.

Gemüseeintopf mit Nudeln

1 kleiner Sellerie
2 mittelgroße Karotten
1 Kohlrabi
1 kleiner Lauch
1 Kartoffel
300 g Rindfleisch, in ca. 1 cm große
Würfel geschnitten
zweimal jeweils 2½ l Wasser
1 gestrichener Tl Salz
1 Messerspitze Pfeffer
1 Messerspitze gemahlene Muskatnuß
100 g Nudeln (Spiralen oder Bandnudeln)
1½ El frische Schnittlauchröllchen

Das Gemüse schälen, waschen und würfeln. Das Rindfleisch in einem großen Topf mit Wasser aufkochen lassen, das Wasser abschütten und nochmals mit frischem Wasser zum Kochen bringen. Nach ca. 35 Minuten, wenn das Fleisch fast weich ist, mit Salz, Pfeffer und Muskat würzen. Die Nudeln und das vorbereitete Gemüse dazugeben und ca. 15 Minuten weiterkochen lassen, bis die Nudeln al dente sind. Dabei häufig umrühren.
In tiefe Teller geben und vor dem Servieren mit Schnittlauch bestreuen.

* * *

Gemüse-Nudelauflauf

2 l Wasser
1 gestrichener TL Salz
150 g Nudeln (Spiralen oder Hörnchen)

Das Salzwasser zum Kochen bringen und die Nudeln je nach Packungsangabe kochen, bis sie al dente sind. Die Nudeln in ein Sieb schütten und unter kaltem, fließenden Wasser abkühlen lassen.

1 Karotte
50 g Champignons
1 kleine Aubergine
1 Zucchini
3 Tomaten
Salz
Pfeffer aus der Mühle
⅛ l Rinderbrühe
50 g Erbsen
25 g Margarine
50 g Mehl
⅛ l Rinderbrühe
⅛ l trockener Weißwein
100 g Sauerrahm
Butter für die Form
2 EL frische, gehackte Petersilie
50 g geriebener Emmentaler

Eine feuerfeste Auflaufform.
Den Backofen auf 180 Grad vorheizen

Das Gemüse putzen. Die Karotte und Champignons in Scheiben schneiden und die Aubergine und Zucchini würfeln. Die Tomaten überbrühen, abschrecken, schälen, aushöhlen und in Würfel schneiden.
Die Karotten in einen Topf geben, mit Salz und Pfeffer würzen und mit Brühe angießen. Zugedeckt bei mittlerer Hitze garen und nach 5–7 Minuten die Erbsen, Zucchini und Aubergine beigeben. Weitere 5 Minuten garen und dann den Topf vom Herd nehmen.
Margarine in einem Topf zerlassen und das Mehl mit einem Kochlöffel einrühren. Mit Brühe und Weißwein aufgießen und unter ständigem Rühren aufkochen lassen bis die Sauce glatt ist. Den Topf vom Herd nehmen. Den Sauerrahm mit einem Schneebesen glattrühren und langsam in die Sauce einrühren.
Die Auflaufform mit Butter einfetten. Petersilie unter die Nudeln mischen und mit dem Gemüse gut vermengen. In die Form geben, mit der Weißweinsauce übergießen und gut vermischen. Den geriebenen Emmentaler über die Nudelform streuen.
Im vorgeheizten Backofen 20 Minuten überbacken. Wenn der Nudelauflauf eine goldgelbe Kruste hat, aus dem Ofen nehmen und sofort servieren.

Ferien

In Egern am Tegernsee, im bayrischen Hochgebirge, habe ich mir ein Sommerheim geschaffen.

Ein kleines, liebes, altes Bauernhaus mit einem selbstangelegten Garten, den ich mir aus einer Wiese, durch Pflanzen von großen Bäumen, in einen herrlichen Park verwandelte.

Jeder Baum, jeder Strauch ist mein eigenes Werk, und so konzentrieren sich während des ganzen Jahres meine Gedanken auf dieses Fleckchen Erde, das ich so grenzenlos liebe.

Für mich ist die Spielzeit eine unangenehme Unterbrechung der Ferien.

Wenn es mir im Winter noch so miserabel geht, wenn mir bei den dreimal wöchentlichen Todeskämpfen, die ich kontraktlich zu absolvieren habe, noch so sehr die Zunge zum Halse heraushängt und ich in all den traurigen Konflikten, denen ich in meinen Opernrollen ausgesetzt bin, so recht elend werde und die Nerven aus den Fugen zu gehen drohen, ist mein Trost und meine Stärkung immer: »Noch soundso lange, und du bist am Tegernsee, daheim auf deiner hölzernen Ritterburg, bei deinen Blumen, Hunden, Katzen und Kiniglhasen.«

Ich ziehe im Geiste meine kurze Lederhose an, umgürte mich mit den gestickten Hosenträgern und sterbe vergnügt wieder weiter, wie es der Komponist vorschreibt.

Bin ich draußen in fremden Ländern, habe ich meine Gartenbücher und Blumenkataloge bei mir, und wenn ich von meiner Geliebten mich treulos verlassen wähne und, rasend vor lauter Seelenzornes, in meinen Rollen am Theater, hin und her fahre, nehme ich mir vor, meine Obstbäume mit Kuhmist zu düngen.

Im letzten Akt sterbe ich befriedigt. Wieder ein Tag näher dem geliebten Ziel.

Selbstverständlich gibt es kein vollkommenes Glück auf dieser Welt.

Trotzdem mich Elsa, mein strenges Gemahl, im Winter bei jedem Bissen daran erinnert, daß meine Figur katastrophale Formen annimmt, mir prophezeit, daß mich meine diversen Opernbräute in Bälde nicht mehr werden umfassen können und daß ich ein Kolatschengesicht bekommen werde, das zu den Helden, die ich darzustellen habe, wie die Faust aufs Auge paßt – (sie ist so) –, lasse ich mich nicht beirren und pampfe drauflos, so daß sie am Ende der Saison recht behält.

Am ersten Ferientage muß ich auf die Waage.

Dieses Biest zeigt jedes Gramm genau an, und mit Entsetzen sehe ich ein: Leo, es *muß* etwas geschehen!

Da steht mittags schon das Gespenst, die Gärtnerwaage, auf dem Tisch, die der liebliche Professor Gärtner in einer teuflischen Stunde erfunden hat. Jeder Bissen wird mir vorgewogen.

Hungrig erwache ich, hungrig lege ich mich zu Bett.

Die ersten Jahre habe ich diesen Zustand heimlich gemildert.

Ich stahl!

In der Küche verschwanden die besten Bissen.

Ich schob es auf die Hunde und Katzen.

Dann kam man mir drauf, die Köchin gab mich preis.

Da setzte ich mich aufs Rad und fuhr an die Peripherie des Ortes, nach Reitrain, wo ich in einem kleinen Gasthause zu essen bekam.

Aus diesem Umstande, daß ich bei Tisch nicht wild um jeden Bissen kämpfte und willig und ohne zu streiten meine Portionen, die die Unterernährung eines Kanarienvogels herbeiführen könnten, hinnahm, entdeckte man es.

Ich wurde bewacht.

Bewacht von meinem eigenen Fleisch und Blut – meinen Kindern.

Sie radelten mir nach und verrieten mich.

Jetzt muß ich vor jeder Mahlzeit schwören.

Ich wollte nicht. – Wegen solcher Kleinigkeiten schwöre ich nicht.

Elsa ließ nicht nach. – Ich schwor! –

Was bleibt mir übrig, als gewissenhaft weiterzuhungern.

Ich komme nach Wien zurück, als – Linie!

Eine komische Figur bin ich geworden in der ganzen Gegend. Man nennt mich den Hungerhofbauer, mein Haus den – Hungerhof.

Aber am 18. August, da ist mein Geburtstag, da habe ich Freßfreiheit, da esse ich, bis ich zerspringe.

Sonst genieße ich in vollen Zügen.

Morgens um fünf Uhr hüpfe ich in den See, was man sofort merkt, weil er austritt.

»Aha«, sagen die Leute am anderen Ufer, »der Kammersänger badet.«

Dann habe ich einen Außenbordmotor, hinten ans Ruderboot zum Anschrauben, der ist herrlich.

Zehn Minuten kann man mit ihm fahren, dann muß man ihn einen halben Tag reparieren. Auf eine Wegstunde hin hört man ihn, er macht so einen Radau, daß man außerstande ist, sich während der Fahrt verständlich zu machen.

Ferner machte ich die Bemerkung, daß sich alle Leute am See, auf große Entfernungen hin, die Nase zuhielten. Sie behaupteten: er stinkt.

Aber meist wird gerudert und repariert.

Das Fischen ist auch sehr unterhaltend.

Stundenlang steht man da, stiert auf das Schwimmerl, wechselt den Platz, rennt zum Gaudium der Zusehenden mit seinem leeren Kübel von einer Stelle zur anderen und fängt nichts.

Dessenungeachtet geht man immer wieder mit von kühnen Hoffnungen geschwellter Brust hinaus, um der Teuerung ein Paroli zu bieten.

Dann arbeite ich im Garten. Beseligt mache ich immer neue Pläne, um mein kleines Paradies bis zur Unerträglichkeit zu verschönern.

Vom hiesigen Publikum höre und sehe ich nicht viel. Ich fühle es nur am Abend, wenn es von Booten wimmelt, und jeder der Insassen meint, weil er am See ist, müsse er »Hollodrioh!« brüllen.

Da wird in allen Mundarten gejodelt und gepfiffen, daß man sich manchmal aus Verzweiflung am liebsten in sein Schwert stürzen möchte.

Viele Theaterleute gibt es da, die aber die Sommerfrische meistens nur als Skatgegend ansehen und stundenlang in einem kleinen Kaffeehause die Karten mischen.

Gesungen wird sehr viel.

Jeder, der fünf Minuten im Kahne sitzt, grölt und heult, daß die Berge sich weigern, das Echo zurückzugeben, so mies ist es ihnen von dieser Plärrerei.

Ich selbst singe nicht.

Wenn mir jemand nur davon spricht, behandle ich ihn so eisig, daß ihm jede weitere Bemerkung diesbezüglich im Halse erfriert.

Erst Mitte August fange ich an zu arbeiten, die Stimme zu schmieren für den Winter.

Da gröle ich mit den anderen um die Wette.

Doch davon wollen wir noch nicht reden, ich will mich nicht traurig machen, die Zeit wird schnell genug da sein; schneller, als mir lieb ist, muß ich wieder fort von hier, hinaus in die Welt – auf die Landstraße.

Da heißt es wieder singen, reisen und drei- bis viermal wöchentlich auf offener Szene in Verwesung übergehen.

Aber eines nehme ich mit mir:

Die Sehnsucht und die Freude auf den nächsten Sommer.

Vom Elch bis zur Wildente

Elchbraten Weinhändler Art

1 Elchkeule, ca. 1 kg
Salz
Pfeffer aus der Mühle
etwas Thymian
½ kleiner Sellerie
1 mittelgroße Karotte
1 kleine Zwiebel
3 El Öl
2 El Preiselbeeren oder Johannisbeergelee
1 El Tomatenmark
1 Schuß Rotwein
8 Wacholderbeeren
6 Pfefferkörner
2 Lorbeerblätter
½ l Rinderbrühe
⅛ l Orangensaft
⅛ l Rotwein (Burgunder)
100 g grüne Weintrauben
100 g blaue Weintrauben
50 g Sauerrahm

Die Elchkeule großzügig mit Salz und Pfeffer und mit etwas Thymian würzen. Den Sellerie und die Karotte schälen und würfeln. Die Zwiebel schälen und kleinhacken.
Das Fleisch im heißen Öl von allen Seiten kurz anbraten. Aus dem Topf nehmen und beiseite stellen.
Das vorbereitete Gemüse mit den Preiselbeeren in den Topf geben und kurz anbräunen. Das Tomatenmark beigeben und mitrösten lassen, bis es eine bräunliche Farbe hat. Mit Rotwein ablöschen, weiterrösten, bis der Rotwein verdunstet ist, und die Gewürze dazugeben. Mit Rinderbrühe, Orangensaft und Rotwein aufgießen.
Das Fleisch in den Topf zurückgeben und zugedeckt bei mittlerer Hitze ca. 1 Stunde kochen. Dabei gelegentlich umrühren.
Die Weintrauben waschen, von den Reben zupfen, halbieren und in einen mittelgroßen Topf geben.
Das gegarte Fleisch aus der Sauce nehmen und kurz warmstellen.

Den Sauerrahm mit einem Schneebesen glattrühren. In die Sauce rühren und anschließend durch ein Sieb in den Topf zu den Weintrauben passieren.
Das Fleisch in Scheiben schneiden, auf einer Platte anrichten und mit der Sauce servieren. Als Beilage eignen sich Spätzle oder Semmel-knödel und Broccoli.

* * *

Wildschweinragout mit Egerlingen und Champignons

1 Zwiebel
100 g Egerlinge
100 g Champignons
1 Bund Suppengrün
4 Pfefferkörner
2 Lorbeerblätter
6 Wacholderbeeren
800 g Wildschweinschulter, in 3 cm große Würfel geschnitten
Salz
Pfeffer aus der Mühle
etwas Majoran
2 El Öl
1 El Tomatenmark
1 Tl Dijon-Senf
2 El Johannisbeergelee
⅛ l Rotwein
⅛ l Orangensaft
½ l Rinderbrühe
1 Tl Speisestärke
2 El Rotwein
Zum Abschmecken: Salz, Pfeffer aus der Mühle, Thymian

Ein kleines Küchentuch oder eine Stoffserviette
Küchenzwirn

Die Zwiebel schälen und kleinwürfeln. Die Pilze putzen, waschen und in Scheiben schneiden. Das Suppengrün sorgfältig

putzen und waschen. Die Pfefferkörner, Lorbeerblätter und Wacholderbeeren in ein Küchentuch wickeln und mit Küchenzwirn zubinden. Das Wildschwein mit Salz, Pfeffer und etwas Majoran würzen.
Öl in einem großen Topf erhitzen und das Fleisch und die Zwiebel darin anbraten. Tomatenmark, Senf und Johannisbeergelee beigeben und unter Rühren gut anrösten. Mit etwas Rotwein und Orangensaft mehrmals ablöschen, bis Fleisch- und Zwiebelwürfel eine dunkelbraune Farbe haben. Nach jedem Ablöschen kräftig umrühren, damit sich der Bodensatz löst. Mit Brühe aufgießen und das Suppengrün dazugeben. Das Gewürzsäckchen mit Bindfaden an einen Henkel binden, in die Sauce hängen und mitkochen lassen. Das Ragout zugedeckt bei mittlerer Hitze 40 Minuten kochen. Das Suppengrün und das Gewürzsäckchen aus dem Topf nehmen. Die Pilze hineingeben und 5 Minuten mitkochen lassen.
Die Speisestärke mit Rotwein anrühren und damit die Sauce abbinden. Mit Salz, Pfeffer und Thymian abschmecken.
Als Beilage eignen sich Spätzle, Semmelknödel, Blaukraut oder Rosenkohl.

✼ ✼ ✼

Hirschragout Williams

1 kleine Zwiebel
1 Bund Suppengrün
6 Wacholderbeeren
4 Pfefferkörner
3 Lorbeerblätter
800 g Hirschschulter, vom Metzger in 3 cm große Würfel geschnitten
Salz
Pfeffer aus der Mühle
etwas Thymian
2 El Öl
1 Tl Tomatenmark
1/8 l Orangensaft
1/8 l Rotwein (Burgunder)
1/2 l Rinderbrühe
2 El Johannisbeergelee
3 frische Birnen
1 El Speisestärke
2 El Rotwein

Zum Abschmecken: Salz, Pfeffer aus der Mühle
6 cl Williamsbirne

Ein Küchentuch oder eine Stoffserviette
Küchenzwirn

Die Zwiebel schälen und in kleine Würfel schneiden. Das Suppengrün sorgfältig putzen und waschen. Die Wacholderbeeren, Pfefferkörner und Lorbeerblätter in ein Küchentuch wickeln und mit Zwirn gut zubinden. Das Fleisch mit Salz, Pfeffer und Thymian würzen. Öl in einem großen Topf erhitzen und die Fleischwürfel gut anbraten. Die Zwiebeln und das Tomatenmark beigeben und dunkel anrösten. Mit Orangensaft, Rotwein und Brühe aufgießen. Das Johannisbeergelee zugeben. Das Gewürzsäckchen mit Bindfaden an einen Henkel binden, in die Sauce hängen und mitkochen lassen. Bei mittlerer Hitze zugedeckt 40 Minuten kochen. Dabei mehrmals umrühren. Die Birnen schälen, vierteln, die Gehäuse rausschneiden, und in Würfel schneiden. Das Suppengrün und das Gewürzsäckchen aus dem Topf nehmen. Die Birnenstücke in das Ragout geben und 10 Minuten köcheln lassen. Die Stärke mit Rotwein anrühren und die Sauce damit abbinden. Mit Salz und Pfeffer abschmecken und die Williamsbirne einrühren.
Als Beilage Semmelknödel und Blaukraut servieren.

✼ ✼ ✼

Hirschkalbsfilet auf heißen Sauerkirschen

300 g gefrorene Sauerkirschen, am Vortag zum Auftauen in einen Topf geben

800 g Hirschkalbsfilet, in 3 cm dicke Scheiben geschnitten
Salz
Pfeffer aus der Mühle
etwas Thymian
2 El Öl
Saft einer halben Orange
Saft einer halben Zitrone
2 cl Cognac
1/2 Tl Stärke
1 El Rotwein

Die Filetscheiben mit Salz, Pfeffer und Thymian würzen. Im heißen Öl auf beiden Seiten jeweils 3–4 Minuten braten. Währenddessen den Orangensaft, Zitronensaft, Cognac und Zucker in den Topf zu den aufgetauten Sauerkirschen geben und kurz aufkochen lassen. Die Stärke mit Rotwein anrühren und damit die Fruchtsauce leicht abbinden.
Die Sauerkirschen heiß auf Teller geben und die Hirschmedaillons daraufsetzen.
Als Beilage eignen sich Serviettenknödel.

Glucks »Armida«

In jedem Kameradenkreise gibt es einen, der sich zum Verulken besonders eignet, weil er auf alle möglichen und unmöglichen Scherze und Schnurren immer hereinfällt.

Ich war während der ersten Jahre meiner Künstlerlaufbahn so voll von übermütigen Tollheiten, daß fast kein Tag verging, an dem ich nicht irgend etwas ausheckte.

Das Opfer war fast immer mein Kollege – nennen wir ihn »Balduin« – ein schrecklich lieber und harmloser Kerl.

Nichts war genügend unwahrscheinlich, als daß er es nicht geglaubt hätte.

Von ihm will ich nun erzählen. Da kein Mensch ahnt, wer er ist, darf ich es ruhig tun.

Musikgeschichte war nicht sein Fall, und ihren bescheidensten Anforderungen erlag er wehrlos.

Wir hatten »Armida« von Gluck neu einstudiert.

Eines Abends brachte ich einen alten Herrn mit einem langen weißen Bart auf die Bühne, es war nach der großen Arie des Rinaldo.

»Lieber Balduin, erlaube, daß ich bekannt mache: Herr Gluck – der Komponist.«

Gluck dankte ihm in entzückenden Worten für die herrliche Wiedergabe seines Werkes.

Balduin strahlte vor Freude und erzählte am nächsten Tage im Kaffeehaus, daß gestern Gluck bei ihm gewesen wäre und ihm seine Bewunderung ausgedrückte hätte.

Wieherndes Gelächter am Stammtisch.

So erfuhr endlich auch Balduin, daß Gluck schon seit zahllosen Jahrhunderten tot sei. – – –

Da kam die Oper »Bajazzo« auf den Spielplan. Balduin sang den Canio.

Meister Leoncavallo, der sich auf der Durchreise in unserer Stadt aufhielt und in der Loge des Direktors der Vorstellung beiwohnte, verlangte auf die Bühne geführt zu werden, um Balduin seine Zufriedenheit auszudrücken.

Eine Flut von italienischen Lobeshymnen ergießt sich über Balduin.

Der betrachtet ihn mißtrauisch und fragt endlich: »Wer sind Sie denn eigentlich?« – –

Leoncavallo, sehr erstaunt, nicht erkannt zu sein: »Sono maestro Leoncavallo!«

»Also wissen Sie, mit mir werden Sie keine solchen Scherze machen«, ruft Balduin empört, »wer weiß, wieviel hundert Jahre Sie schon tot sind!«

Läßt den Meister stehn und begibt sich in seine Garderobe. –

Rehsahnefleisch

800 g Rehschulter, vom Metzger ausgelöst und in 2–3 cm große Würfel geschnitten
Salz
Pfeffer aus der Mühle
etwas Thymian
1 Karotte
1 Scheibe Sellerie
1 Zwiebel
1 kleine Stange Lauch
8 Wacholderbeeren oder 3 cl Gin
2 Lorbeerblätter
6 Pfefferkörner
2 El Öl
2 El Tomatenmark
2 El Preiselbeeren oder Johannisbeergelee
¼ l trockener Weißwein
¼ l Orangensaft
¼ l Rinderbrühe
75 g Crème fraîche

Ein Küchentuch oder eine Stoffserviette
Küchenzwirn

Das Fleisch mit Salz, Pfeffer und Thymian würzen. Die Karotte und den Sellerie putzen, waschen und in ca. ½ cm große Würfel schneiden. Die Zwiebel schälen und kleinhacken. Den Lauch halbieren, waschen und in dünne Scheiben schneiden. Die Wacholderbeeren, Lorbeerblätter und Pfefferkörner in ein Küchentuch wickeln und mit Zwirn gut zubinden.
Öl in einem großen Topf erhitzen und das Fleisch und das vorbereitete Gemüse anbraten. Tomatenmark und Preiselbeeren oder Johannisbeergelee beigeben und unter Umrühren rösten, bis alle Zutaten eine bräunliche Farbe haben. Mit Weißwein und Orangensaft ablöschen und mit einem Kochlöffel den Bodensatz lösen. Mit Brühe aufgießen und das Gewürzsäckchen mit Zwirn an einen Topfhenkel binden, in die Sauce hängen und mitkochen lassen. Zugedeckt 40 Minuten bei mittlerer Temperatur kochen.
Wenn man anstelle der Wacholderbeeren Gin verwendet, gibt man den Gin erst zum Schluß bei.

Vom Herd ziehen, das Säckchen aus dem Topf nehmen, und langsam die Crème fraîche einrühren.
Als Beilage Spätzle und Rosenkohl reichen.

Rehpfeffer

1 kleine Zwiebel
1 Bund Suppengemüse
2 Lorbeerblätter
4 Pfefferkörner
6 Wacholderbeeren oder 2 cl Gin
2 El Öl
800 g Rehschulter, ohne Knochen
Salz
weißer Pfeffer aus der Mühle
etwas Thymian
1 El Wildpreiselbeeren
2 El Tomatenmark
1 Messerspitze Dijon-Senf
¼ l Orangensaft
¼ l Rotwein (Bordeaux)
½ l Rinderbrühe
0,1 l Reh- oder Rinderblut
Zum Abschmecken: Salz, weißer Pfeffer aus der Mühle

Ein Küchentuch oder eine Stoffserviette
Küchenzwirn

Die Zwiebel schälen und kleinhacken. Das Suppengemüse sorgfältig putzen und waschen. Die Lorbeerblätter, Pfefferkörner und Wacholderbeeren in ein Küchentuch wickeln und mit Bindfaden gut zuschnüren.
Öl in einem großen Topf erhitzen und das Rehfleisch und die Zwiebeln von allen Seiten anbraten. Mit Salz, Pfeffer und Thymian würzen. Preiselbeeren, Tomatenmark und Senf dazugeben und unter Rühren gut anrösten. Mit Orangensaft, Rotwein und Brühe aufgießen und das Suppengemüse beifügen. Das Gewürzsäckchen mit Zwirn an einen Topfhenkel binden, in die Sauce hängen und mitkochen lassen. Zugedeckt bei schwacher Hitze 40 Minuten kochen. Dabei mehrmals umrühren.
Wenn man anstelle der Wacholderbeeren Gin verwendet, gibt man den Gin erst zum Schluß bei.

Das Suppengemüse und das Gewürzsäckchen aus dem Topf nehmen. Die Sauce mit dem Reh- oder Rinderblut unter Rühren eindicken und darauf achten, daß der Rehpfeffer nach dem Eindicken nicht mehr kocht.
Mit Salz und Pfeffer abschmecken und mit Semmelknödeln und Blaukraut servieren.

* * *

Rehrücken auf roten Johannisbeeren

800 g Rehrücken, vom Metzger ausgelöst
Salz
Pfeffer aus der Mühle
etwas Thymian
2 El Öl
250 g frische rote Johannisbeeren
0,1 l leichter Rotwein
0,1 l Orangensaft
½ Tl Zitronensaft
1 Tl Zucker
1 gestrichener Tl Speisestärke
2 El Rotwein
2 cl Weinbrand oder Cognac

Den Rehrücken in vier gleich große Teile schneiden und mit Salz, Pfeffer und etwas Thymian würzen.
Öl in einer großen Pfanne erhitzen. Das Fleisch darin unter mehrmaligem Wenden etwa 10 Minuten bei mittlerer Hitze braten. Dann ist es schön rosa.
Die Johannisbeeren zupfen und waschen. In einen Topf geben und mit Rotwein, Orangensaft, Zitronensaft und Zucker aufkochen lassen. Stärke mit Rotwein verquirlen, in die Johannisbeeren rühren und den Topf vom Herd nehmen. Jetzt den Weinbrand oder Cognac unterrühren.
Die Früchte auf großen Tellern anrichten. Die gebratenen Fleischstücke in Tranchen schneiden und auf die Früchte setzen.
Als Beilage eignen sich Kroketten und Broccoliröschen.

* * *

Hasenrücken in Haselnußkruste

800 g Hasenrücken, ausgelöst
Salz
Pfeffer aus der Mühle
Thymian
Mehl zum Wenden
2 Eier
150 g gemahlene Haselnüsse
2 El Öl

Den Hasenrücken mit Salz, Pfeffer und Thymian würzen. Mehl, Eier und Haselnüsse jeweils in flache Teller geben.
Die Eier verquirlen.
Den Hasenrücken erst im Mehl, dann in den Eiern und anschließend in den Haselnüssen wälzen. In einer Pfanne Öl erhitzen. Dabei muß man beachten, daß das Öl nicht siedend heiß ist, da sonst die Haselnüsse verbrennen. Den Hasenrücken ca. 8 Minuten braten. Mehrmals wenden. Wenn die Kruste goldgelb ist, ist der Hasenrücken rosa und saftig.
Vor dem Anrichten in 2 cm dicke, schräge Scheiben schneiden.
Mit Spätzle, Rosenkohl und Wacholderrahmsauce servieren.

Ich sang in der Academy of Music in Brooklyn den Othello

Ich sang in der Academy of Music in Brooklyn den Othello.

Meine Desdemona, Madame Alda, klagte vor der Vorstellung über sehr starke Schmerzen im Blinddarm und bat mich, recht vorsichtig mit ihr umzugehen.

Im dritten Akt habe ich sie nämlich einige Male liebevoll auf die Erde zu hauen.

Ich markiere die Stellen so vorsichtig wie nur möglich und lasse sie sanft zur Erde gleiten.

Sie vermochte unter den schrecklichsten Schmerzen die Oper kaum zu Ende zu singen und mußte sich noch in der gleichen Nacht einer schweren Operation unterziehen.

Am nächsten Morgen brachten die Blätter unter großen Aufschriften mein Bild als Othello mit dem Titel: »Roher Russian Tenor bricht den Appendix von Madame Alda!«

Und ich lese in der Zeitung, wie sie mich bat, sie zu schonen, aber ich vergaß mich in der bestialischen Wiedergabe des eifersüchtigen Mohren so sehr, daß ich die Arme mit dem ganzen Aufwande meiner ungeheuren Kraft, die mir tschechischem Giganten innewohnt, mit solcher Gewalt auf den Boden schleuderte, daß man ihren Blinddarm bis in die hinterste Parkettreihe krachen hörte.

Ich war bestürzt. – Mein Press-Agent strahlte. –

»Mister Slezak, das ist ein Haupttreffer, das sind Sie ja nicht imstande zu bezahlen, wenn Sie sich das kaufen wollten.« –

Erst nach acht Tagen verstand ich ihn ganz.

Da kamen nämlich die Zeitungsausschnitte aus ganz Amerika in großen Mengen. – Wohlwollende Stimmen, – gehässige, – solche, die meine Kraft bewunderten, dann wieder welche, die meine tierische Rohheit verdammten, – Abhandlungen über meine Körperstärke, Größe, Gewicht und so fort. – Das ging Wochen hindurch. –

Allmählich begann mir Madame Aldas Appendix zum Halse herauszuhängen.

Später dann, nach Absolvierung der Abende an der Metropolitanoper, als ich allein auf meine Konzerttournee ging, fühlte ich den Effekt.

Mit einer gewissen Hochachtung fragte man mich: »Also Sie sind der Fellow, der seinen Partnerinnen die Blindgedärme zerbricht?«

Meine Muskeln wurden befühlt, meine Bizeps einer eingehenden Prüfung unterzogen.

Als Headline stand über der Kritik: »The giant tschech Appendixbreaker wins Audience.«

Geschmorte Kaninchenkeule

1 Karotte
1 Scheibe Sellerie
1 Zwiebel
½ Stange Lauch
4 Kaninchenkeulen, je ca. 200 g
Salz
Pfeffer aus der Mühle
etwas Majoran
2 El Öl
1 Knoblauchzehe, geschält und zerdrückt
1 El Tomatenmark
¼ l trockener Weißwein
1½ l Rinderbrühe
etwas Majoran
2 frische Blätter Liebstöckel
100 g Sauerrahm
2 El Mehl

Das Ofenrohr auf 180 Grad vorheizen

Die Karotte und den Sellerie putzen und in kleine Würfel schneiden. Die Zwiebel schälen und kleinhacken. Den Lauch halbieren, waschen und in dünne Scheiben schneiden. Die Kaninchenkeulen mit Salz, Pfeffer und etwas Majoran würzen. Öl in einem Bräter erhitzen. Die Keulen auf beiden Seiten anbraten, aus dem Bräter nehmen und anschließend auf einem Teller beiseite stellen.
Das vorbereitete Gemüse, den Knoblauch und das Tomatenmark in die Reine geben und rösten, bis es eine bräunliche Farbe hat. Mit Weißwein ablöschen und mit Rinderbrühe aufgießen.
Die Kaninchenkeulen in den Bräter zurückgeben, mit Majoran und Liebstöckel würzen und im vorgeheizten Rohr 40–45 Minuten garen. Sauerrahm und Mehl in einer Schüssel glattrühren.
Die Kaninchenkeulen aus der Bratreine nehmen und die Sauce durch ein feines Sieb in einen Topf passieren. Zum Kochen bringen und langsam den glattgerührten Sauerrahm unterziehen bis die Sauce die gewünschte Konsistenz hat.
Zu den Kaninchenkeulen Semmelknödel und Blaukraut servieren.

Fasan auf Ananaskraut

2 Fasane, gerupft, je 700–800 g
Salz
Pfeffer aus der Mühle
etwas Thymian
150 g grüner Speck, in dünne Scheiben geschnitten
2 El Öl
etwas Wasser zum Übergießen

Küchenkrepp
Küchenzwirn

Das Ofenrohr auf 180 Grad vorheizen

Die Fasane waschen, mit Küchenkrepp trockentupfen und eventuell restliche Federansätze abbrennen. Zuerst die Innenseiten, dann die Außenseiten der Vögel mit Salz, Pfeffer und Thymian würzen. Mit den Speckscheiben belegen und diese mit Küchenzwirn festbinden.
Öl in einem Bräter erhitzen, die Fasane hineinlegen und im vorgeheizten Ofen 50 Minuten braten. Dabei mehrmals mit dem eigenen Saft und etwas Wasser übergießen.

Für das Ananaskraut:
500 g Sauerkraut
Salz
Pfeffer aus der Mühle
2 Lorbeerblätter
$1/8$ l trockener Weißwein
$1/8$ l Rinderbrühe
1 Babyananas

Währenddessen das Sauerkraut 2–3 mal gründlich mit kaltem Wasser waschen und gut ausdrücken. Die Babyananas schälen, vierteln und den Strunk rausschneiden. Die Viertel in ca. 2 cm große Stücke schneiden. Das Sauerkraut in einen Topf geben, sparsam mit Salz und Pfeffer würzen und die Lorbeerblätter dazugeben. Mit Weißwein und Brühe aufgießen und zugedeckt bei mittlerer Hitze kochen. Nach 10 Minuten die Fruchtstücke beifügen und weitere 20 Minuten garen. Dabei häufig umrühren. Vor dem Servieren die Lorbeerblätter aus dem Kraut nehmen.
Das Ananaskraut warmstellen.

Für die Sauce:
1 Bund Suppengrün
2 Wacholderbeeren
2 Pfefferkörner
1 Lorbeerblatt
1 Tl Tomatenmark
1 gehäufter El Mehl
$1/2$ l Rinderbrühe

Das Suppengrün putzen, waschen und in 1 cm große Würfel schneiden. Den Fasan aus dem Bräter nehmen und auf einer Platte warmstellen. Die Gemüsewürfel, die Gewürze und das Tomatenmark in den Bräter geben und rösten bis das Gemüse eine bräunliche Farbe hat. Mit Mehl bestäuben, gut durchrühren und mit Brühe aufgießen.
10 Minuten bei mittlerer Hitze kochen, dann die Sauce durch ein feines Sieb passieren.

Den Fasan portionieren. Das Ananaskraut auf großen Tellern anrichten und den Fasan daraufsetzten. Dazu die Sauce reichen und mit Maccairekartoffeln servieren.

Deftiges, Kräftiges, Bayrisches

Der Opernführer

Wie oft wurde ich von meinen Freunden über den Inhalt der Opern befragt. Wie oft hörte ich betrübt lächerlich auseinandergehende Meinungen – haarsträubende Auffassungen.

Da dieses Buch ja den eigentlichen Zweck verfolgt, meine Leser zu belehren, ihnen Schätze des Wissens und der Aufklärung mitzugeben – so habe ich mich entschlossen, verschiedene Opern zu erklären und, auf diese Weise purifizierend, Platz gegriffene Irrtümer zu beseitigen.

Ich weiß, diese mir gestellte Aufgabe ist schwer – sehr schwer! Aber mein pädagogisches Genie wird alle Schwierigkeiten lächelnden Antlitzes, spielend, überwinden und es wird mir bestimmt gelingen, Licht in die dunkelsten Opernabgründe zu bringen, dem Leser Perspektiven zu eröffnen, die ihn erschauern machen – ihn beglücken.

Bevor ich nun daran gehe, die Opern zu erklären und in die tiefsten Tiefen ihres Inhalts zu schürfen – muß ich erst dem lieben Leser ein paar Worte über den Beruf eines Sängers im allgemeinen und den eines Tenors im besonderen sagen.

Der Beruf eines Sängers ist schwierig, der eines Tenors noch schwieriger.

Man bedenke – fast in allen Rollen hat er im letzten Akt zu sterben.

Man liebt. – Man wird zwar fast immer wiedergeliebt, aber da ist stets einer da – meist der Bariton – der in die Suppe spuckt – der Klötze in den Weg wirft.

Was habe ich davon, wenn der Nebenbuhler verschmäht wird, wenn ich »derjenige bin – welcher«, aber im letzten Akte sterben muß.

Wo ist da der Vorteil? – Die Mezzie?

Es ist und bleibt eine aufreibende Tätigkeit, die sich à la longue auf das Nervensystem auswirkt.

Das Unangenehmste im Leben, etwas, was andere Menschen ein einziges Mal im Erdenwallen durchzumachen haben – wiederholt sich bei mir dreimal wöchentlich.

Ist es da ein Wunder, wenn man ununterbrochen in einer seelisch-verzweifelten Stimmung herumgeht? – Angesichts der vielen Todesqualen, die immer wieder bevorstehen, erschüttert ist?

Ich bin zum Beispiel ohne jede Pause – mit Ausnahme der Opernferien, ergriffen.

Allerdings stirbt man mit der Zeit ganz behaglich – legt sich hin und die Sache ist erledigt.

Aber bis man es soweit bringt, auf der Bühne in Verwesung überzugehen, ohne daß sich die Leute schieflachen – das dauert lange.

Man veranschauliche sich nur einmal die vielen Variationen von Todesarten.

Bis man es dahin gebracht hat, daß man die verschiedenen Tode auseinanderhält und richtig darstellt, wird man Großvater. – Ich bin soweit.

Bei mir weiß das Publikum sofort: – Aha – der hat sich erschossen – den hat der Wüstenwind Samum getötet – der ist auf dem hohen B verhungert.

In meiner Jugend – sagen wir in meiner zartesten Jugend – in Brünn, starb ich eines Abends in der Oper Lukrezia Borgia an Gift.

– Am Gift der Borgia!

Das Publikum lachte aus vollem Halse und war selten aufgeräumt.

Der erste Kritiker schrieb: Herr Slezak sollte an dem Gift der Borgia sterben. – Er spielte eine Bauchfellentzündung und übertrieb derart, daß das Publikum mit Freude konstatieren konnte, daß der treffliche junge Künstler diese Krankheit noch nie gehabt hat. Am Gift der Borgia zu sterben muß der strebsame junge Mann noch lernen.

Ich habe diesen Fingerzeig benutzt, und strebsam, wie ich war, übte ich den Gifttod durch Wochen hindurch. – Was das für eine Mühe machte, geht auf keine Kuhhaut und das Tragische dabei war nur, daß sich immer wieder Leute fanden, denen gellende Lachsalven von den Lippen flossen, die ansteckend auf »die tausendköpfige Hydra« Publikum wirkten.

Acht Komiker hätte man mit dem Gelächter beglücken können.

Seit der Brünner Zeit bin ich nicht mehr am Gift der Borgia gestorben –, aber ich bin überzeugt, daß es mir nun, angesichts der erworbenen Reife, bestimmt gelingen würde.

Und das ist nur *eine* Todesart.

Nun gibt es deren so viele. – Diese nicht zu verwechseln setzt schon eine große Summe von Intelligenz und Anpassungsvermögen, ja, ich möchte fast sagen, Genialität voraus, denn, wenn man, Gott behüte, die letalen Ausgänge durcheinanderbringt – ist man erledigt. Es genügt nicht, die Augen zu verdrehen, so daß man nur das Weiße sieht, und, mit einem hörbaren Knall zu Boden fallend, sein Leben auszuhauchen. Nein – das muß alles nach der Musik gemacht werden. Man kann da nicht, wie man will – man muß so, wie es der Komponist vorschreibt – und das ist das Unangenehme.

In erster Linie muß man seine Rolle können – oder zumindest – um nicht allzu kraß zu werden, approximativ im Bilde sein, um was es sich handelt.

Da hat es ein Kollege vom Burgtheater, ein Schauspieler, diesbezüglich herrlich. Wenn der zu Tode getroffen ist – legt er sich vorne in die Rampenmitte – seufzt ein paarmal – röchelt ein Weilchen, wenn ihm nichts einfällt, wartet, er, bis er vom Einsager einen Brocken seiner Rede zugeschmissen bekommt, und stirbt gemütlich.

Das ist der Grund, warum die meisten Kollegen vom Schauspiel vor dem Souffleurkasten sterben.

Bei uns Tenoristen ist das unmöglich, bei uns gibt es kein Seufzen, kein Röcheln – weil uns sonst die Musik davonrennt und wir im Nu keine Ahnung haben, wo wir uns befinden, und dann *nur* auf Seufzen, Röcheln oder innerliches Erleben angewiesen sind.

Wenn einem Kollegen vom Schauspiel etwas aus seiner Rolle später einfällt, so kann er es immer noch irgendwie einflechten oder anbringen.

Bei unserem Geschäft ist das ausgeschlossen. – Wir müssen jedes späteren Einflechtens entraten.

Trotz all der Schwierigkeiten, die wir zu überwinden haben, und trotz der ungeheuren Gaben, mit denen wir Tenoristen ausgestattet sein müssen, trachtet man immer, uns als »geistig nicht ganz auf der Höhe« hinzustellen.

Eine Ungerechtigkeit, die mir Falten der Empörung auf die Stirne zaubert.

Doch ich will nicht mit meinem Schicksal hadern und meine Leser mit den Zerrissenheiten meiner Seele anöden, sondern versuchen, den Inhalt und die Hauptmomente einiger Opern objektiv und ohne jede Voreingenommenheit oder gar Gehässigkeit wiederzugeben, damit viele Unklarheiten beseitigt werden, die den wissensdurstigen Opernbesucher quälen und beunruhigen.

Es ist natürlich, daß ich nicht alle Opern erklären kann, die es gibt, oder gar die, die ich gesungen habe. Das ginge zu weit, aber die wichtigsten, die des Erläuterns bedürftigsten, will ich, soweit ich es vermag, zu enthüllen versuchen.

Wenn mir dies gelingt, fühle ich mich reich belohnt.

Lohengrin

Das ist eine sehr komplizierte Sache, und ich muß meinen lieben Leser ernstlich bitten, recht aufmerksam zu sein, um sich aus dem Wirrsal der Handlung herauszufinden und zu wissen, um was es sich eigentlich handelt.

Jedermann weiß, daß in früheren Zeiten sehr viel gezaubert wurde. Man verwandelte damals die schönsten Jünglinge – meistens Prinzen – in alle möglichen Tiere, und oft, wenn man der Meinung war, einen echten Harzer Kanari im Zimmer zu haben, entpuppte sich dieser eines Tages als verzauberter Erzherzog, den eine neidische, miese Fee in diesen Roller verwandelt hatte.

Also, das kommt heute nicht mehr vor. –

– Wenn der Vorhang in die Höhe geht, ist die Bühne gespickt mit Mannen. – Sie werden mich korrigieren wollen und sagen: »Männern!«; aber es heißt *doch* Mannen – die planlos mit den Schwertern auf ihre Schilde schlagen und singen.

König Heinrich sitzt unter einer großen Eiche, hat einen langen Umhängebart und hält Gericht. –

Telramund, ein Edler, hat eine Klage gegen Elsa von Brabant eingereicht und behauptet, sie habe ihren Bruder, den kleinen Gottfried, umgebracht. –

Der König glaubt es nicht, und es ist auch nicht wahr.

Elsa wird vorgeladen, wird gefragt – sie leugnet.

Wer hat recht? – der Telramund oder die Elsa?

Bald hätte ich vergessen zu erzählen, daß Telramund verheiratet ist und seine Frau Ortrud heißt. – Übrigens eine recht düstere Dame – die eigentlich Telramund zur Überreichung der Klage veranlaßte.

In alten Zeiten war das Gottesgericht modern. –

Wenn man nicht wußte, ob jemand schuldig oder unschuldig war, so ließ man zwei Männer miteinander kämpfen, und derjenige, der unterlag, war der Verbrecher.

Eine äußerst unsichere Angelegenheit.

Telramund fordert jedermann auf, sich für Elsas Unschuld zu schlagen. –

Trotzdem keiner der Ritter die arme Elsa dieser Gemeinheit für fähig hält, läßt sich, trotz wiederholten Blasens auf der Trompete, keiner von ihnen in dieses Gedränge ein. Da befiehlt der König, noch einmal zu blasen.

Plötzlich sieht man von weitem einen glänzenden Ritter in einem Kahne stehen, der von einem schneeweißen Schwan gezogen wird.

Der Chor der Mannen brüllt durcheinander, zeigt auf den Ritter und schaut krampfhaft auf den Kapellmeister, was aber offenbar nicht viel nützt, denn sie sind untereinander vollständig verschiedener Ansicht, was der Lateiner »Tohuwabohu« nennt. –

Lohengrin kommt an, wird von allen Seiten beleuchtet, und singt das Schwanenlied, einen Viertelton zu tief.

Der Schwan merkt das, darum fährt er davon.

Nun kommt das eigentlich Interessante. –

Telramund bebt hörbar, aber er läßt nicht nach, er darf auch nicht, weil es so vorgeschrieben ist.

Zuerst geht Lohengrin zu Elsa und sagt ihr, daß er für sie kämpfen werde, und ob sie seine Frau werden wolle. Dies könne jedoch nur unter der Bedingung geschehen, daß sie ihn nie frage, wer er sei und woher er komme. –

Also eigentlich eine Zumutung! – Man soll nicht wissen, mit wem man das Vergnügen hat. – Eine wilde Sache.

Sie schwört, er geht hin, besiegt den Telramund, schenkt ihm das Leben, die Ortrud zerspringt. Elsa fliegt dem Namenlosen um den Hals, die Mannen schlagen freudig bewegt mit ihren Schwertern auf die Schilde, der König streicht seinen Umhängebart, gibt seinen Segen und der Vorhang fällt.

Dies ist der erste Akt.

Im zweiten Akte ist es vor allem einmal finster. –

Unheimlich lange Vorwürfe und gegenseitige Anklagen ertönen aus irgendeiner Ecke. – Ortrud und Telramund streiten sich. – Er nennt sie eine Genossin seiner Schmach und sie ist auch sehr unfreundlich mit ihm.

Nach langem Hin und Her beschließen sie, Elsa neugierig zu machen und ihr den Lohengrin zu verekeln.

Im Mittelalter erschien in der Nacht vor der Hochzeit die Braut immer auf dem Söller und sprach mit dem Monde, oder, wenn keiner da war, mit dem »Zephir«.

Das sind lauter Übertriebenheiten, die man heute nicht mehr macht, weil man sonst für blödsinnig gehalten werden würde.

Während die Braut mit dem Zephir plaudert, seufzt Ortrud unten so laut, daß Elsa es hören muß.

Sie geht hinunter, liest Ortrud von der Schwelle auf und nimmt sie zu sich in den Palast. – Das war das Dümmste, das sie tun konnte.

Beim Brautzug erscheinen die gewiegtesten Chordamen als Brautjungfern und streuen Blumen. – Die Mannen beteiligen sich am Schreiten und singen in Synkopen. – Alles wallt majestätisch zur Kirche, da plötzlich drängt sich Ortrud vor Elsa und behauptet, sie gehöre nach vorne.

Es erhebt sich eine große Aufregung, und mitten in diesen Wirbel kommt der König mit Lohengrin. – Der überschaut sofort die ganze Situation und schleudert Blitze aus seinen Augen. – Er geht zu Elsa, nimmt sie beiseite und sagt ihr, sie solle sich ja nicht aufhetzen lassen und ihn fragen, weil er sonst sofort abreisen müsse. – Elsa meint, daß sie gar nicht daran denke und froh sei, daß sie endlich einmal heiraten könne. Er drückt sie an seine Brust und sie schreiten weiter auf die Kirche zu.

Plötzlich, im letzten Moment, springt Telramund hinter einem Pfeiler hervor und beschimpft Lohengrin. – Sagt, daß er ein Zauberer sei, und daß die ganze Geschichte doch höchst merkwürdig wäre. – Man soll mit einem Schwan angefahren kommen, man soll den Schwan wieder wegschicken, kein Mensch soll fragen dürfen, wer man ist, keine Legitimation, keine Ausweispapiere, kein Visum – gar nichts! Deshalb erklärte er die ganze Sache mit dem Gottesgericht für Blech und verlange die Revision der Angelegenheit.

Kurz und gut, Telramund ist, nach seiner Meinung mit Recht, aufgeregt.

Aber wenn einmal ein Vorurteil zu jemandes Gunsten Platz gegriffen hat, so kann der machen, was er will – er hat recht.

Telramund bekommt einen Stoß in den Magen und wird hinausgeschmissen. –

Lohengrin und Elsa setzen das unterbrochene Schreiten in die Kirche fort, die Mannen schlagen freudig bewegt mit den Schwertern auf ihre Schilde, und unter beifälligem Nicken des Königs fällt der Vorhang. –

Dritter Akt. –

Das Brautgemach. –

Lohengrin und Elsa werden von dem König hereingeführt, der, nachdem er den beiden praktische Winke diesbezüglich zuteil werden ließ, sofort wieder verschwindet. –

Der Zuschauer merkt schon an der Einrichtung, daß das eine sehr unerfreuliche Brautnacht werden wird.

Lohengrin singt so lange, bis ihn Elsa endlich fragt, welchen Geschlechtes er sei. Die Bombe platzt. – Zu alledem kommt noch Telramund herein und will Lohengrin erschlagen. – Der Anschlag mißlingt, Telramund fällt, von dem Blitze aus dem Auge Lohengrins getroffen, tot zu Boden. –

Er wird weggeräumt. –

Lohengrin sagt Elsa nichts. – Erst vor dem König will er reden.
– Auch wieder eine Bosheit von ihm.

Während Elsa mit essigsaurer Tonerde gewaschen wird, fällt der Vorhang.

Verwandlung.

Derselbe Platz wie im ersten Akt. – Der König erscheint hoch zu Roß. Dieses entledigt sich vor allem alles Innerlichen, während die Mannen siegesverlangend mit den Schwertern auf die Schilde schlagen. – Es soll in den Krieg gehen. – Jeder einzelne lechzt nach Heldentod. –

Lohengrin soll ein Bataillon übernehmen. – Er kommt herein und sagt, er könne nicht mitkommen. – Zum Glück habe ihn Elsa gefragt und nun müsse er heimwärts ziehen. –

Zum Zeichen der Trauer schlagen die Mannen mit den Schwertern auf ihre Schilde.

Elsa wird hereingebracht – Sie wankt. – Entweder sie schreitet oder sie wankt.

Lohengrin stellt sich hin und singt die Grals-Erzählung.

Er sagt nichts Stichhaltiges, lauter Sachen, die er nicht beweisen kann und angesichts deren er von keiner Musterungskommission enthoben worden wäre. Aber alle glauben es. – Vielleicht tun sie nur so, weil es schon sehr spät ist, und niemand durch einen Einspruch oder durch eine Debatte die Vorstellung noch mehr in die Länge ziehen will.

Während Elsa nach Luft verlangt, verabschiedet sich Lohengrin und gibt ihr ein Horn, einen Ring und ein Schwert.

Auf dem Horn soll sie blasen lernen, den Ring soll sie behalten und das Schwert soll sie ihrem Bruder schenken.

Wie verwirrend!

Er geht.

Die Mannen schlagen zum Zeichen der Trauer mit ihren Schwertern auf ihre Schilde.

Plötzlich erscheint die Ortrud wieder. Sie gibt keine Ruhe. – Sie schreit, daß sie den Bruder in einen Schwan verwandelt habe, und daß sie an der ganzen Unannehmlichkeit schuld sei.

Lohengrin durchbohrt sie mit einem Blitz aus seinem Auge. – Sie stirbt. –

Der Schwan taucht unter, und es springt ein übertrieben wonniger Jüngling – ein Prinz – aus dem Wasser und umarmt Elsa.

Der kleine Gottfried! –

Da Lohengrin nicht ohne jedes Zugtier wegfahren kann, kommt eine Taube und zieht ihn fort - was sehr unwahrscheinlich ist.

Elsa wankt und schreit, da fällt Gott sei Dank der Vorhang, denn es ist schon sehr spät. –

Leo Slezak bereitete sich 1907 in Paris auf eine internationale Karriere vor. Er studierte alle für ihn in Frage kommenden Opernpartien in den Originalsprachen. Der Erfolg stellte sich schon bald ein und er brillierte auf allen großen Bühnen Europas und Amerikas in seinen Glanzrollen,

als »Manrico« in Verdis »Troubadour«,

als »Raoul« in den »Hugenotten«,

als »Radames« in Aida,

wo er, da der Gladiatorenwagen sein Gewicht nicht aushielt, nach gewonnener Schlacht zu Fuß von seinem Volke im Triumph heimgeholt werden mußte,

und als »Canio« im »Bajazzo« von Ruggiero Leoncavallo.

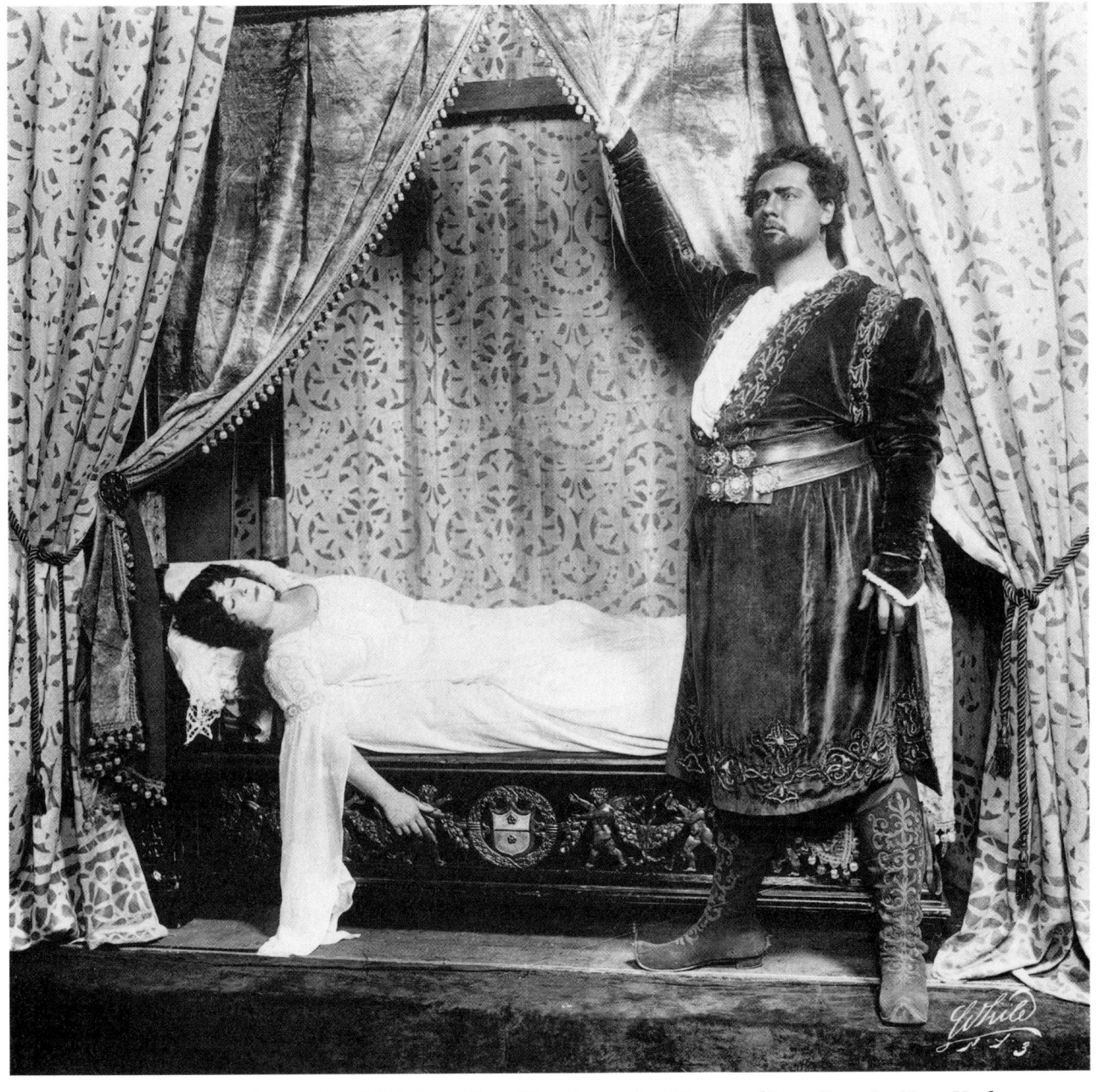

*Am 17. November 1909 debütierte Leo Slezak an der Metropolitan Oper in New York.
Der Dirigent war Arturo Toscanini.
Leo Slezak errang nicht nur wegen seiner Stimme einen sensationellen Erfolg, sondern auch sein kraftvolles Spiel erregte atemlose Bewunderung. Wie er seine Desdemona mit gestreckten Armen hochhob, sie über seinem Kopf, mit schwerem Schritt über die riesige Bühne trug, und sie dann sanft auf das Bett gleiten ließ, brachte vor allem die Damen zum Schwärmen. Am nächsten Tag konnte man in der Zeitung lesen: »Caruso, hüte dich, dein Rivale ist gekommen.«*

Als Leo Slezak am 1. September 1934 den Schlußpunkt hinter seine Opernkarriere setzte, erfüllte er sich einen Herzenswunsch: Er verließ seine über alles geliebte Oper nach einem reichen Künstlerleben auf der Höhe seines Ruhmes, denn er wollte niemals in die Verlegenheit kommen, als alternder Sänger bemitleidet zu werden.

Slezak-Gulasch

600 g Rindfleisch, in 2–3 cm große Würfel geschnitten
Salz
Pfeffer aus der Mühle
300 g Zwiebeln
2 El Öl
1 Knoblauchzehe
1 Messerspitze Salz
$^1\!/_2$ Tl Majoran
1 Messerspitze gemahlener Kümmel
1 El Paprikapulver, edelsüß
2 El Tomatenmark
$^1\!/_2$ l Rinderbrühe
eventuell etwas Rinderbrühe oder Wasser zum Verlängern
1 El Öl
4 Wiener
4 Eier
2 Essiggurken
Zum Abschmecken: Salz, Pfeffer aus der Mühle, Sambal Oelek

Das Rindfleisch mit Salz und Pfeffer würzen. Die Zwiebeln schälen, kleinwürfeln und im heißen Öl glasig dünsten. Das Fleisch zugeben und mitbraten.
Den Knoblauch mit einer Messerspitze Salz sorgfältig zerdrücken und mit den restlichen Gewürzen und dem Tomatenmark zum Fleisch geben. Gut durchrühren und mit Brühe aufgießen. Zugedeckt ca. 1 Stunde bei mittlerer Temperatur kochen. Dabei mehrmals umrühren.
Sollte das Fleisch dann noch nicht weich sein, noch einmal mit etwas Brühe oder Wasser aufgießen und weitere 10–15 Minuten köcheln lassen.
Währenddessen Öl in einer großen Pfanne erhitzen. Die Wiener an beiden Enden über Kreuz einscheiden, so daß jeweils vier Enden entstehen. Im heißen Öl kurz anbraten und aus der Pfanne nehmen. Die Eier in die Pfanne schlagen und Spiegeleier braten. Die Essiggurke halbieren und zu Fächern schneiden.
Das Gulasch mit Salz, Pfeffer und Sambal Oelek abschmecken und in tiefe Teller geben. Jeweils eine Wiener, ein Spiegelei und einen Essiggurkenfächer auf jede Portion geben und sofort servieren.
Als Beilage eignen sich Nockerl.

Gulascheintopf

300 g Rindfleisch, in 2–3 cm große Würfel geschnitten
Salz
Pfeffer aus der Mühle
2 mittelgroße Zwiebeln
150 g grüne Bohnen
1 grüne Paprikaschote
1 rote Paprikaschote
2 große Kartoffeln
4 Tomaten
2 El Öl
2 El Tomatenmark
1 Tl Paprikapulver, edelsüß
$^1\!/_2$ l Wasser
1 Knoblauchzehe, geschält und zerdrückt
$^1\!/_2$ Tl Majoran
etwas Wasser zum Aufgießen
Zum Abschmecken: Salz, Pfeffer aus der Mühle, Cayennepfeffer

Das Fleisch mit Salz und Pfeffer würzen. Die Zwiebeln schälen und kleinhacken. Die Bohnen putzen, waschen und kleinschneiden. Die Paprikaschoten halbieren, Trennwände und Kerne entfernen, und gründlich waschen. Die Kartoffeln schälen und waschen. Die Paprikaschoten und die Kartoffeln in 2 cm große Würfel schneiden. Die Tomaten waschen, den Strunk entfernen, und würfeln.
Öl in einem großen Topf erhitzen und das Rindfleisch und die Zwiebeln anbraten. Tomatenmark und Paprikapulver einrühren, mit Wasser ablöschen und bei mittlerer Temperatur zugedeckt kochen. Nach 35 Minuten Kochzeit die Bohnen, den Knoblauch und den Majoran zum Fleisch geben. Nach weiteren 15 Minuten die Paprikaschoten und Kartoffeln in den Topf geben. Etwas Wasser nachgießen, so daß alle Zutaten mit Flüssigkeit bedeckt sind. Nach weiteren 10 Minuten die Tomaten in das Gulasch geben. Kurz durchziehen lassen und mit Salz, Pfeffer und Cayennepfeffer abschmecken.
Dampfend auf den Tisch bringen und Bauernbrot dazu reichen.

Rinderbraten in Burgundersauce

Die Rinderschulter muß 24 Stunden eingelegt werden

1 Bund Suppengrün
1 mittelgroße Zwiebel
1 kg Rinderschulter
Salz
Pfeffer aus der Mühle
30 g Senf, mittelscharf
1 l Rotwein (Burgunder)
4 Pfefferkörner
2 Lorbeerblätter

Das Suppengrün putzen, waschen und würfeln. Die Zwiebel schälen und in kleine Würfel schneiden. Die Rinderschulter salzen, pfeffern und mit Senf bestreichen. In einem Topf den Burgunder mit dem Suppengrün, der Zwiebel und den Gewürzen aufkochen lassen. Den vorbereiteten Rinderbraten einlegen und den Topf vom Herd ziehen.
24 Stunden an einen kühlen Ort stellen.

2 El Öl
100 g geräuchertes Wammerl, in kleine Würfel geschnitten
1 El Tomatenmark
½ l Rinderbrühe
1 El Speisestärke
2 El Rotwein
Zum Abschmecken: Salz, Pfeffer aus der Mühle

Öl in einem Bräter erhitzen.
Das Rindfleisch aus dem Rotwein nehmen und von allen Seiten im heißen Öl anbraten.
Den Rotwein durch ein Sieb in einen Topf gießen und zum weiteren Gebrauch beiseite stellen.
Das eingelegte Suppengrün mit dem Wammerl und dem Tomatenmark zum Rinderbraten in die Reine geben und mitrösten lassen. Immer wieder mit etwas Rotwein ablöschen bis sowohl das Gemüse als auch das Tomatenmark schön dunkelbraun ist. Nach jedem Ablöschen kräftig umrühren, damit sich der Bodensatz löst. Mit dem restlichen Rotwein und der Brühe aufgießen. Zugedeckt bei mittlerer Hitze 1 Stunde kochen. Den Rinderbraten aus der Sauce nehmen und auf einer Platte warmstellen. Stärke mit Rotwein anrühren und damit die Sauce eindicken. Mit Salz und Pfeffer abschmecken und durch ein feines Sieb passieren. Zum Rinderbraten reichen.
Als Beilage eignen sich Spätzle oder Kartoffelknödel und Blaukraut.

Slezak-Toast

4 frische Birnen
einige Tropfen Zitronensaft
¼ l Wasser
¼ l trockener Weißwein
Saft einer halben Zitrone
2 El Zucker

Birnen schälen, halbieren und die Gehäuse rausschneiden. Damit die Birnen nicht braun werden, mit etwas Zitronensaft beträufeln. Wasser, Weißwein, Zitronensaft und Zucker in einem Topf kurz aufkochen lassen. Die Birnenhälften einlegen und bei mittlerer Temperatur 15 Minuten kochen. Aus dem Topf nehmen, abkühlen lassen und zu Fächern schneiden.

Den Backofen auf 180 Grad vorheizen

8 Scheiben Rinderfilet, je 100 g
Salz
Pfeffer aus der Mühle
1 El Öl
8 Scheiben Gorgonzola, je 25 g
8 Scheiben Toast

Die Rinderfiletscheiben mit Salz und Pfeffer würzen. In einer schweren Eisenpfanne im heißen Öl auf beiden Seiten kurz anbraten. Die Birnen auf das Fleisch legen, den Gorgonzola darübergeben und im vorgeheizten Rohr 5 Minuten überbacken.
Währenddessen die Toastscheiben toasten. Jeweils zwei Scheiben auf einen Teller legen und die überbackenen Filetscheiben daraufgeben.
Sofort servieren.

Rinderroulade

4 Scheiben von der Rinderoberschale, je 180 g, dünn geklopft
Salz
Pfeffer aus der Mühle
1 Tl Senf, mittelscharf
1 Zwiebel
20 g Butter
Salz
Pfeffer aus der Mühle
½ Tl Majoran
1 Karotte
1 Essiggurke
140 g geräuchertes Wammerl, in Scheiben geschnitten

Küchenzwirn

Das Fleisch jeweils auf einer Seite mit Salz und Pfeffer würzen und mit Senf bestreichen.
Die Zwiebel schälen, vierteln und in Streifen schneiden. In geschmolzener Butter glasig dünsten. Mit Salz, Pfeffer und Majoran würzen. Aus der Pfanne nehmen und abkühlen lassen. Die Karotte schälen, waschen und der Länge nach vierteln. Die Essiggurke ebenso der Länge nach vierteln.
Die Rouladen mit den Speckscheiben, Zwiebeln, Karotten- und Essiggurkenvierteln belegen. Einrollen und mit Küchenzwirn gut zubinden, so daß sich die Rouladen während dem Kochen nicht auflösen.

Für die Sauce:
½ Scheibe Sellerie
1 Karotte
1 Zwiebel
1 Essiggurke
2 El Öl
2 El Tomatenmark
1 Tl Senf, mittelscharf
¼ l Rotwein (Burgunder)
½ l Rinderbrühe
eventuell noch etwas Brühe oder Wasser zum Verlängern
15 g Butter
30 g Mehl
Zum Abschmecken: Salz, Pfeffer aus der Mühle

Das Gemüse putzen und in Scheiben schneiden. Die Essiggurke ebenfalls in Scheiben schneiden.
Öl in einer Pfanne erhitzen und die Rouladen von allen Seiten gut anbraten. Die Temperatur reduzieren, die Gemüse- und Essiggurkenscheiben dazugeben und bei mittlerer Temperatur anbraten. Tomatenmark und Senf einrühren und anrösten.
Mit etwas Rotwein ablöschen und mit einem Kochlöffel den Bodensatz lösen. Mit dem restlichen Rotwein und der Brühe aufgießen bis die Rouladen vollständig mit Flüssigkeit bedeckt sind.
Unter häufigem Umrühren 50–60 Minuten dünsten und je nach Bedarf eventuell noch Brühe oder Wasser nachgießen, so daß die Rouladen ständig mit Flüssigkeit bedeckt sind.
Die Rouladen aus der Sauce nehmen und warmstellen.
Butter mit Mehl verkneten und stückchenweise in die Sauce geben, bis sie schön sämig ist.
Mit Salz und Pfeffer abschmecken und mit Kartoffeln servieren.

Leo's Krautwickerl

50 g Reis
5 Tassen Wasser
1 Tl Salz

Den Reis in Salzwasser kochen bis das Wasser verdunstet und der Reis schön kernig ist.

1 kleine Zwiebel
1 El Griebenschmalz
100 g geräuchertes Wammerl, in kleine Würfel geschnitten
500 g Hackfleisch
¾ Tl Salz
Pfeffer aus der Mühle
1 Messerspitze Majoran
1 Messerspitze Paprikapulver, edelsüß
2 Eier
2 l Wasser
1 El Salz
1 kleiner Krautkopf

1 El Griebenschmalz
³/₈ l Rinderbrühe

Küchengarn

Die Zwiebel schälen und würfeln.
Schmalz in einer Pfanne zergehen lassen
und darin die Zwiebel- und Speckwürfel
glasig dünsten. Das Hackfleisch dazugeben und unter ständigem Rühren anrösten. Mit Salz, Pfeffer, Majoran und
Paprikapulver würzen. Den Reis unter-
mengen, den Topf vom Herd nehmen und
die Mischung etwas abkühlen lassen.
Die Eier aufschlagen und in das noch
lauwarme Hackfleisch einrühren.
In einem großen Topf Salzwasser zum
Kochen bringen.
Die äußeren Blätter vom Krautkopf
entfernen, den Strunk herausschneiden,
und vorsichtig unter fließendem Wasser
waschen. Auf eine Gabel spießen und
drehend in das kochende Salzwasser geben,
bis sich die Blätter lösen ohne einzureißen.
Das Kraut 5 Minuten kochen, dann aus dem
Wasser nehmen, abtropfen und abkühlen
lassen.
Die Krautblätter so mit der Hackfleisch-
Reis-Mischung füllen, daß sich ca. 12 cm
große Wickel ergeben. Sorgfältig mit Bindfaden verschnüren, damit sie während dem
Kochen nicht auseinanderfallen.
In einer großen Pfanne Schmalz zergehen
lassen und die Krautwickel von allen Seiten
solange anbraten, bis das Kraut kräftig
braun ist. Mit Brühe aufgießen, und zugedeckt 20 Minuten bei mittlerer Hitze
schmoren lassen.
Die Krautwickel aus der Sauce nehmen
und die Bindfäden vorsichtig entfernen.
Auf einer Platte anrichten und Sauce
darübergeben.
Als Beilage eignen sich Kartoffelbrei oder
Kartoffeln.

* * *

Kalbshaxe mit Gemüsestreifen

2 mittelgroße Karotten
1 kleiner Sellerie
1 mittelgroßer Lauch
2 mittelgroße Petersilienwurzeln
½ Tl Majoran
1 Messerspitze Paprikapulver, edelsüß
1 Messerspitze Pfeffer
1 Tl Salz
1 Kalbshaxe, ca. 1600 g
2 El Öl
500 g Kalbsknochen
½ Tasse trockener Weißwein
1 El Tomatenmark
1 l Wasser
1 gestrichener Tl Salz
1 El Mehl
½ Tasse trockener Weißwein
³/₈ l Gemüsefond
Zum Abschmecken: Salz, Pfeffer aus
der Mühle

Eiswürfel und kaltes Wasser

Das Ofenrohr auf 180 Grad vorheizen

Karotten, Sellerie, Lauch und Persilien-
wurzeln gründlich waschen und schälen.
Die Schalen zum weiteren Gebrauch beiseite
stellen.
Majoran, Paprika, Pfeffer und Salz in einem
Schüsselchen vermischen. Die Kalbshaxe
mit dieser Gewürzmischung einreiben.
Öl in einem großen Bräter erhitzen und
die Kalbshaxe und die Kalbsknochen darin
rundherum anbraten.
Die Kalbshaxe im vorgeheizten Rohr unter
mehrmaligem Wenden garen. Bei jedem
Wenden mit etwas Weißwein übergießen.
Nach 1 Stunde Garzeit die Gemüseschalen
und das Tomatenmark zur Haxe geben und
gut durchrühren.
Das Gemüse in dünne Streifen schneiden.
In einem Topf Salzwasser zum Kochen
bringen, die Gemüsestreifen kurz aufkochen
lassen und sofort mit einem Schaumlöffel
aus dem Topf heben. In eine Schüssel mit
Eiswürfeln und kaltem Wasser geben. Den
Gemüsefond beiseite stellen.
Die Kalbshaxe nach weiteren 30 Minuten
aus dem Bräter nehmen und warmstellen.

Mehl in den Bräter streuen und rösten. Mit Weißwein und Gemüsefond aufgießen und 10 Minuten kochen. Mit Salz und Pfeffer abschmecken und die Sauce durch ein feines Sieb passieren.
Die Gemüsestreifen im restlichen Gemüsefond erwärmen.
Die Knochen aus der Kalbshaxe lösen, das Fleisch in Scheiben schneiden und auf Tellern anrichten. Die Sauce darübergießen, die Gemüsestreifen aus dem Topf heben, abtropfen lassen und auf dem Fleisch dekorieren.
Mit Kartoffeln servieren.

* * *

Schweinehax'n

2 Stück hintere Schweinehax'n, die Schwarte eingeschnitten
Salz
Pfeffer aus der Mühle
Paprikapulver, edelsüß
3 Knoblauchzehen, geschält und zerdrückt
2 El Öl
$1/2$ l dunkles Bier
1 Karotte
1 Scheibe Sellerie
2 Zwiebeln
1 El Tomatenmark
$1/4$ l Rinderbrühe
Zum Abschmecken: Salz, Pfeffer aus der Mühle

Das Ofenrohr auf 180 Grad vorheizen

Die Schweinehax'n mit Salz, Pfeffer und Paprikapulver gut einreiben und den Knoblauch daraufstreichen.
Die Hax'n in einen Bräter mit Öl legen und in den vorgeheizten Ofen schieben.
Während der Bratzeit mehrmals mit etwas Bier übergießen.
Die Karotte, den Sellerie und die Zwiebeln schälen, waschen und würfeln.
Nach einer Stunde das vorbereitete Gemüse und das Tomatenmark in den Bräter geben und mitrösten.
Nach einer weiteren halben Stunde die Hax'n aus dem Ofen nehmen und warmstellen.

Die Sauce mit Brühe aufgießen und 10 Minuten kochen. Durch ein Sieb passieren und mit Salz und Pfeffer abschmecken.
Die Scheinehax'n portionieren und die Sauce dazu reichen.
Als Beilage Kartoffelknödel oder Semmelknödel mit Krautsalat, Radisalat oder Gurkensalat.

* * *

Wurzelfleisch mit frischem Meerrettich

2 mittelgroße Karotten
2 mittelgroße Petersilienwurzeln
1 kleiner Sellerie
1 Stange Lauch
$1 1/2$ l Wasser
$1/8$ l Essig 10 %
800 g Schweineschulter
4 Wacholderbeeren
4 Pfefferkörner
2 Lorbeerblätter
1 kleiner Meerrettich

Die Karotten, die Petersilienwurzeln und den Sellerie schälen, waschen und in dünne Streifen schneiden. Den Lauch halbieren, waschen und ebenfalls in dünne Streifen schneiden.
Wasser und Essig in einem Topf zum Kochen bringen und die Schweineschulter mit den Gewürzen hineingeben. 45 Minuten bei mittlerer Temperatur zugedeckt kochen.
Die Gemüsestreifen beifügen und weitere 10 Minuten kochen lassen.
Den Meerrettich schälen, waschen und fein reiben.
Die Schweineschulter aus dem Topf nehmen, in Scheiben schneiden und auf einer Platte anrichten. Die Gemüsestreifen mit einem Schaumlöffel aus dem Topf heben, abtropfen lassen und auf dem Fleisch dekorieren. Den Meerrettich darüberstreuen.
Mit Kartoffeln servieren.

Schweinemedaillons in Calvadosrahmsauce

Für die Sauce:
1 Apfel (Boskop)
1 El Butter oder Margarine
1 Tl Mehl
4 cl Calvados
1/8 l trockener Weißwein
1/8 l Rinderbrühe
2 El Crème fraîche
Zum Abschmecken: Salz, Pfeffer aus der Mühle

Den Apfel schälen und klein reiben. Butter oder Margarine in einer Pfanne zerlassen und den geriebenen Apfel hineingeben. Das Mehl darüberstäuben, gut durchrühren und mit Calvados flambieren. Mit Weißwein ablöschen und mit Brühe aufgießen. Aufkochen lassen, den Topf vom Herd nehmen und mit Crème fraîche verfeinern. Mit Salz und Pfeffer abschmecken und warmstellen.

800 g Schweinefilet
Salz
Pfeffer aus der Mühle
Saft einer halben Zitrone
2 El Öl

Die Sehnen und das Fett vom Filet entfernen. Das Fleisch in 3 cm dicke Scheiben schneiden und mit dem Handballen flach drücken. Mit Salz und Pfeffer würzen und mit Zitronensaft beträufeln.
Öl in einer Pfanne erhitzen und die Medaillons auf beiden Seiten jeweils 4–5 Minuten braten.
Die Sauce zum Fleisch reichen und mit Kroketten und Gemüse oder Salat servieren.

❊ ❊ ❊

Flugentenbrüstchen auf Erdbeer-Rhabarbercreme

2 Flugentenbrüstchen, je 400 g, entbeint
Salz
Pfeffer aus der Mühle
1 El Käuter der Provence
1 El Öl

Die Flugentenbrüstchen mit Salz und Pfeffer würzen. Die Kräuter der Provence darüberstreuen und mit der Handfläche festdrücken. Die Entenbrüste mit der Fettschicht nach unten im heißen Öl anbraten, die Temperatur reduzieren und 20 Minuten bei mittlerer Hitze braten. Dabei mehrmals wenden.

Für die Sauce:
200 g Rhabarber
1/8 l trockener Weißwein
1 El Zucker
Saft einer halben Zitrone
1/8 l flüssige Sahne
200 g Erdbeeren

Den Rhabarber schälen und in 2 cm große Stücke schneiden. In einem Topf mit Weißwein, Zucker und Zitronensaft bei mittlerer Temperatur dünsten. Den Rhabarber mit einem Schaumlöffel herausheben und auf einem Teller zur Seite stellen. Die Flüssigkeit im Topf auf die Hälfte einreduzieren lassen, dann die Sahne unterrühren.
Die Erdbeeren putzen, waschen und vierteln. Mit dem Rhabarber in die Creme geben und kurz erwärmen.

Die Entenbrüstchen in 1–2 cm dicke Scheiben schneiden. Die Erbeer-Rhabarbercreme auf einer Platte verteilen und die Flugentenbrüstchen darauf setzen.
Als Beilage eignen sich Maccaire-Kartoffeln.

Gustav Mahler

Wie danke ich meinem Schicksal, daß es mir vergönnt war, sieben volle Jahre hindurch, in der Sturm- und Drangperiode meines künstlerischen Schaffens, unter der Leitung dieses Mannes arbeiten zu dürfen.

Freilich, als Direktor war er unbequem, mehr als das, oft sogar unerträglich; aber wenn er im Probesaal oder auf der Bühne mit uns arbeitete, zerstob jeglicher Groll in alle Winde, alle kleinlichen Plackereien des Alltags waren im Nu vergessen, und man war stolz darauf, mit diesem Genie durch dick und dünn gehen zu dürfen.

Er selbst verzehrte sich in heiligstem Arbeitsfeuer, verlangte aber dasselbe auch von uns.

Die Sorge des einzelnen um seine eigene Person, sein Wohl, betrachtete er als Verbrechen am künstlerischen Werk. Restlos, ohne Gedanken an sich und seine Familie, sollte man in der Kunst aufgehen.

Das Ersuchen um eine Bewilligung zu einem Gastspiel außerhalb Wiens war ihm ein besonderer Dorn im Auge.

Nur in den dringendsten Fällen entschloß ich mich zu einem Bittgang um Urlaub.

Zuerst wurde bei Hassinger, dem langjährigen Direktionsdiener, die Stimmung erforscht, und oft kam es vor, daß man umkehrte und die Angelegenheit auf einen anderen Tag verschob, wenn Hassinger abriet.

Aber einmal mußte es doch geschehen.

Hochklopfenden Herzens trat ich ein.

Der Direktor fühlte den Grund des Besuches und gab sich von vornherein reserviert.

»Womit kann ich dienen?«

»Herr Direktor, ich möchte an zwei Abenden in Graz singen und bitte um vier Tage Urlaub.«

»Ja, sind Sie toll? – Sie waren doch erst fort!?«

»Aber nein, Sie irren, seit Wochen war ich nicht mehr weg.«

Auf seinem Schreibtisch befand sich ein Brett mit ungefähr fünfundzwanzig bis dreißig Knöpfen. Unter ihnen Täfelchen mit den Namen der einzelnen Funktionäre des Hauses, die er sich jederzeit herbeiklingeln konnte.

Mahler stürzt wütend hin und drückt mit der flachen Hand auf zirka zwölf bis fünfzehn Knöpfe auf einmal; er will Professor Wondra haben, der alle Urlaube eingetragen hat, um mich ad absurdum zu führen.

Die Türen öffnen sich auf allen Seiten.

Lenerl Sgalitzer stürzt atemlos mit dem Stenographieblock herein: »Herr Direktor?«

»Nein, nicht Sie! – Raus!«

Linerl Ranninger kommt leichenblaß mit dem Schlüsselbund zu sämtlichen Notenkästen des Opernhauses.

Auch sie ist im Nu wieder draußen.

Sekretär Schlader, Inspizienten, Requisiteure stürzen herbei, sogar der Feuerwehrmann hat ein Signal bekommen und erscheint im vollen Ornat, um schon zu spritzen.

Nur Wondras Knopf war nicht dabei! –

Ein Wort gibt das andere, die Situation spitzt sich zu, meine Geduld reißt.

Wütend verlasse ich die Kampfstätte, trete Hassinger auf die Füße, alle Kollegen, die draußen in ähnlichen Angelegenheiten auf den Direktor warten, lösen sich in ihre chemischen Bestandteile auf und ergreifen die Flucht.

Ich gehe rasend heim, wo ich Elsa bei allen Heiligen schwöre, daß ich das nicht länger aushalte.

Nach einigen Stunden beginnen sich die Gemüter allmählich zu beruhigen, man steht auf dem Theater, er sitzt am Pult und dirigiert, und all die Galle und Empörung schmilzt dahin wie Märzenschnee in warmer Frühlingssonne.

Dieses Spiel wiederholt sich einige Male im Jahr, im Monat, in der Woche.

Also angenehm war es gerade nicht, aber wenn ich an all das Herrliche denke, was mir der Mann auf den Weg mitgegeben hat, und wenn die alles verklärende Erinnerung mithilft, so sind all die Widerwärtigkeiten nur eine Bagatelle gewesen im Vergleiche zu den Gaben, die ich davontragen durfte.

Diese Mozart-Zyklen, »Entführung aus dem Serail«, »Così fan tutte«, »Zauberflöte«, »Fidelio«, »Hugenotten«, »Jüdin«, all die Neueinstudierungen, war das eine Quelle von Anregungen bei den Proben.

Jede Bemerkung war ein Geschenk fürs Leben.

Da wäre es keinem von uns eingefallen, das Probezimmer zu verlassen, wenn Mahler ein paar Szenen probierte, in denen man unbeschäftigt war.

Seine Art zu arbeiten holte aus dem Sänger alles heraus, was er zu geben hatte.

So fidel und lustig es sonst zuging, wenn Hesch, Demuth und ich auf der Bühne standen, bei Mozart, mit Mahler am Pult, ging jeder schweigend herum, voll Sorge, daß nicht alles voll und ganz gelingen könnte.

Gelang es, war Mahler kaum wiederzuerkennen, kam zu uns auf die Bühne, lobte uns und verteilte Zwanzighellerstücke.

Und *das* waren dann die Augenblicke, die ich benutzte, um irgendeinen Urlaub herauszuschinden.

Ich schilderte dann dem Direktor in tief empfundenen Worten den weit vorgeschrittenen Grad meiner Verelendung, die nur durch ein Gastspiel in Brünn oder Prag gemildert werden könne.

Er lachte: »Also gut, fahren Sie in Gottes Namen, aber wenn Sie dann wieder zurück sind, geben Sie eine Zeitlang Ruhe.«

Ich beeidete dies, und in synkopierten Sprüngen, die man schon von weitem hörte, eilte er ins Orchester, um das Werk zu Ende zu zelebrieren...

Es war uns Mitgliedern der Oper verboten, eigene Konzerte zu veranstalten.

Da alle Gesetze dazu da sind, umgangen zu werden, fand sich auch für mich ein Ausweg.

Oskar Dachs, mein Pianist, der als ganz junger Künstler zu mir kam und mit dem ich meine Konzerte vorbereitete, mußte herhalten.

Auf den Plakaten hieß es:

»Konzert Dachs, unter Mitwirkung von Leo Slezak.«

Nun hatte der Arrangeur den Namen Oskar Dachs ganz klein gedruckt, während die Worte Konzert und Leo Slezak in großen Lettern zu lesen waren.

Mahler ließ mich rufen und sagte empört: »Wissen Sie, was das ist? Das ist ein Rebus mit der Überschrift:

›Wo ist Dachs?‹!«

»Zauberflöte«. Ich sang den Tamino.

In der großen Flötenszene gab es eine Stelle, die ich nicht richtig machte, wo ich regelmäßig patzte.

Mahler ärgerte sich jedesmal darüber, aber es war wie verhext – so oft die Stelle kam, ging es immer, schon aus Nervosität, schief.

Als nun an diesem Abend die gewisse Szene kam, merkte ich in der Kulisse eine große Aufregung, die Feuerwehrmänner schossen hin und her, und ein Ballettmädchen lief mit entsetztem Gesichtsausdruck über die offene Bühne. –

Der Wolkenwagen, der mit den drei Knaben durch die Luft flog, hatte sich infolge Kurzschlusses entzündet und brannte lichterloh.

Mir schießt durch den Kopf: Nur keine Panik!

Und ich singe krampfhaft weiter, bis zum Ende der Szene.

Da plötzlich rief jemand im Publikum: »Feuer!«

Im Nu schnellten die Menschen von den Sitzen auf und stürzten wie besessen, einer über den andern steigend, dem Ausgang zu.

Ich schreie aus Leibeskräften: »Sitzen bleiben! Es ist alles schon vorbei!«

Auch Mahler wendet sich um: »Sitzen bleiben!« ruft er und dirigiert weiter.

Das Publikum beruhigt sich, das Unheil ist abgewendet.

Nachher kam Mahler zu mir und sagte:

»Wissen Sie, Slezak, daß Sie zum erstenmal die Szene richtig gesungen haben?«

Und sich zu den andern wendend:

»Wenn Slezak richtig singen soll, muß das Theater brennen!«

Putenschnitzel in Curryrahm mit frischen Erdbeeren

4 Putenschnitzel, je 180 g
Salz
Pfeffer aus der Mühle
1 El Öl

Die Putenschnitzel salzen und pfeffern. Im heißen Öl auf beiden Seiten jeweils ca. 4 Minuten bei mittlerer Hitze braten. Das Fleisch aus der Pfanne nehmen und warmstellen.

Für die Sauce:
200 g frische Erdbeeren
1 El Mehl
1 Tl Currypulver
$1/8$ l Milch
$1/8$ l flüssige Sahne
1 Schuß trockener Weißwein
Zum Abschmecken: Salz, Pfeffer aus der Mühle

Die Erdbeeren waschen, den Strunk entfernen, vierteln und in die Pfanne geben. Mehl und Currypulver darüberstreuen und vorsichtig verrühren, so daß die Früchte nicht zerdrückt werden.
Mit Milch, Sahne und Weißwein aufgießen, umrühren und kurz aufkochen lassen. Mit Salz und Pfeffer abschmecken.

Die Putenschnitzel auf Tellern anrichten und die Sauce dazu reichen.
Schmeckt gut mit Butterreis.

✳✳✳

Kalbsbriesröschen in Kiwisahne

$1/2$ Zwiebel
1 Lorbeerblatt
5 Nelken
$1 1/2$ l Wasser
1 gestrichener Tl Salz
800 g Kalbsbries
4 Kiwis
2 El Butter
Salz
Pfeffer aus der Mühle
$1/4$ l flüssige Sahne

Die Zwiebel schälen und mit dem Lorbeerblatt und den Nelken spicken.
In einem großen Topf Salzwasser zum Kochen bringen.
Das Kalbsbries mit der gespickten Zwiebel in das kochende Wasser geben und ca. $1/2$ Stunde kochen, bis aus dem Kalbsbries, wenn man es ansticht, kein Blut mehr austritt.
Das Kalbsbries aus dem Topf nehmen, abkühlen lassen und die Haut abziehen. So bilden sich Röschen.
Die Kiwis schälen und pürieren.
Butter in einem Topf schmelzen, das Bries hineingeben und mit Salz und Pfeffer würzen. Die pürierten Kiwis und die Sahne dazugeben und kurz aufkochen lassen.
Mit Reis oder wildem Reis servieren.

✳✳✳

Rinderleber mit Speck, Zwiebeln und Tomaten

4 große Scheiben Rinderleber, je 180 g, ohne Haut
Mehl zum Wenden
2 El Öl
Salz
Pfeffer aus der Mühle
1 große Zwiebel
4 Tomaten
150 g geräuchertes Wammerl, in Würfel geschnitten
$1/2$ l Rinderbrühe
2 frische Basilikumblätter, kleingeschnitten

Die Leber in Mehl wenden.
Im heißen Öl auf jeder Seite 4–5 Minuten braten. Mit Salz und Pfeffer würzen, aus der Pfanne nehmen und warmstellen.
Die Zwiebel schälen und in Scheiben schneiden. Die Tomaten mit heißem Wasser überbrühen und mit kaltem Wasser abschrecken. Den Strunk entfernen, die Haut abziehen und das Fruchtfleisch würfeln.
Die Zwiebelscheiben und den Speck in derselben Pfanne ohne weitere Fettzugabe gut anbraten. Mit Brühe aufgießen und 10 Minuten dünsten. Das Basilikum und

die Tomatenwürfel dazugeben und kurz mitdünsten lassen.
Die Leber auf Teller geben und die Sauce darübergießen.
Mit Kartoffelbrei servieren.

* * *

Gebratene Gans

Für die Füllung:
2 Äpfel (Boskop)
2 Orangen
1 Bund Petersilie
30 g Butter

Die Äpfel schälen, vierteln und die Gehäuse rausschneiden. Die Viertel in Scheiben schneiden. Die Orangen schälen und die Spalten mit einem scharfen Messer in ca. 2 cm große Stücke schneiden. Die Petersilie waschen, feste Stiele entfernen, und kleinhacken. Die Butter zu Flocken raspeln. Die Butterflocken mit den Apfel- und Orangenstückchen und der Petersilie vermischen.

1 Gans, ca. 2,5 kg
Innereien
Salz
Pfeffer aus der Mühle
Rosmarin
Thymian

Küchenkrepp
Küchengarn

Das Ofenrohr auf 220 Grad vorheizen

Die Gans ausnehmen. Das Fett von der Innenseite entfernen und zum Braten beiseite legen. Die Gans sorgfältig waschen und mit Küchenkrepp trockentupfen.
Die Innenseite der Gans gut mit Salz, Pfeffer, Rosmarin und Thymian einreiben.
Hals, Magen und abgetrennte Flügel in ca. 2 cm große Stücke zerkleinern.
In einem Bräter das Gänsefett erhitzen und die Innereien darin anrösten.

Die vorbereitete Gans mit der Brustseite nach unten auf die angebratenen Innereien in den Bräter legen. 1 Stunde braten.

Für die Sauce:
1 kleine Karotte
1 Scheibe Sellerie
1 Zwiebel
1 kleine Stange Lauch
1 El Tomatenmark
1 Tasse Rinderbrühe
4 cl Cointreau
1 El Mehl
$^{1}/_{4}$ l Rinderbrühe
Zum Abschmecken: Salz, Pfeffer aus der Mühle

In der Zwischenzeit die Karotte, den Sellerie, die Zwiebel und den Lauch schälen, waschen und in Würfel schneiden.
Nach der Stunde Bratzeit die Gans aus dem Bräter nehmen und das vorbereitete Gemüse mit dem Tomatenmark in das Gänsefett geben und gut durchrühren. Mit Brühe aufgießen und die Gans mit der Brustseite nach oben in den Bräter zurücklegen.
Die Temperatur auf 180 Grad reduzieren und die Gans weitere 2 Stunden garen. Dabei häufig mit dem eigenen Saft übergießen.
20 Minuten vor Ablauf der Bratzeit mit Cointreau übergießen. Die Gans aus dem Bräter nehmen, portionieren und warmstellen.
Das restliche Fleisch von den Knochen lösen und mit den Knochen und der Füllung zur Sauce geben. Mit Mehl bestäuben und kurz rösten. Mit Brühe aufgießen und 15 Minuten kochen. Den Bräter aus dem Ofen nehmen, vorsichtig mit einem Schöpflöffel die Fettschicht abschöpfen und die Sauce durch ein feines Sieb passieren. Mit Salz und Pfeffer abschmecken.
Die portionierte Gans auf einer großen Platte anrichten und mit der Sauce servieren.
Als Beilage eignen sich Kartoffeln und Blaukraut.

Gefüllte Ente

Für die Füllung:
1 Apfel (Boskop)
1 Orange
1 Bund Petersilie
30 g Butter
10 g getrocknete Steinpilze
1 Messerspitze Thymian

Den Apfel und die Orange schälen und in Würfel schneiden. Die Petersilie waschen, feste Stiele entfernen, und kleinhacken.
Die Butter zu Flocken verarbeiten.
Die Butterflocken mit dem Obst, der Petersilie, den Steinpilzen und dem Thymian in einer Schüssel gut vermischen.

1 Ente, ca. 1600 g
Salz
Pfeffer aus der Mühle
Paprikapulver
Thymian
2 El Öl
$1/4$ l Wasser zum Übergießen

Küchenkrepp
Küchenzwirn

Das Ofenrohr auf 180 Grad vorheizen

Die Innereien und den Hals aus der Ente nehmen, würfeln und zur Seite stellen.
Die Ente waschen und mit Küchenkrepp trockentupfen. Das Innere der Ente kräftig mit Salz, Pfeffer, Paprika und Thymian ausstreichen. Die Ente locker mit der vorbereiteten Füllung füllen. Mit Küchenzwirn zunähen.
Mit einer Gabel die Ente unter den Flügeln und Keulen mehrmals anstechen, damit Fett abfließen kann. Die Ente jetzt auch an der Außenseite mit Salz, Pfeffer und Paprika einreiben.
Öl in einem Bräter erhitzen und die gewürfelten Innereien und den Hals hineingeben und etwas anbraten. Die Ente darauflegen und im vorgeheizten Ofenrohr $1 1/2$ Stunden braten. Mehrmals mit etwas Wasser und eigenem Saft übergießen.

Für die Sauce:
1 mittelgroße Karotte
$1/2$ kleiner Sellerie
1 Zwiebel
Stengel von der Petersilie
1 El Tomatenmark
$1/4$ l Rinderbrühe
Zum Abschmecken: Salz, Pfeffer aus der Mühle

Währenddessen die Karotte und den Sellerie waschen, schälen und würfeln. Die Zwiebel schälen und in kleine Würfel schneiden.
Die Petersilienstengel waschen und kleinhacken.
Die Ente aus dem Bräter nehmen und warmstellen.
Das vorbereitete Gemüse mit den Petersilienstengeln und dem Tomatenmark in den Bräter geben, gut durchrühren und im Ofenrohr rösten bis es eine bräunliche Farbe hat.
Die Ente vierteln, das Fleisch von den Knochen lösen, und warmstellen.
Die Knochen in den Bräter geben, mit Brühe aufgießen und 20 Minuten kochen.
Das Fett abschöpfen und die Sauce durch ein feines Sieb passieren.
Vor dem Servieren mit Salz und Pfeffer abschmecken.
Die Ente auf einer Platte anrichten und mit der Sauce, Kartoffelknödeln und Blaukraut servieren.

Kleines Abenteuer

Ich machte Kur in Karlsbad.

Jeden Morgen holte mich mein Freund Maxi zum Brunnen ab, um auf der alten Wiese zu schlendern und von Bekannten die uninteressantesten Sachen zu erfahren, wie ihm oder ihr die Kur bekam, wie die Nacht schlecht oder gut gewesen sei und so weiter.

Vor dem großen Wäschegeschäft Braun, im Hotel Pupp, wo ich wohnte, sahen wir zwei reizende Mädchen stehen, die in die Herrlichkeiten der Auslage vertieft waren.

Da wir beiden damals, besonders ich, nicht aus Holz waren, pürschten wir uns an die Mädchen heran und belauschten folgendes Gespräch im schönsten Prager Deutsch, mit einem reizenden slawischen Anklang:

»Schau, Mali – der Busenhalter – sechsundfünfzig Kronen.«

»No, weißt du, so was. – In Prag bekomme ich ihn bei der Anka am Wenzelplatz um zweiunddreißig.«

»Wie absonderlich. – Karlsbad ist doch nicht weit von Prag. Wirklich absonderlich.«

Mich packt der Übermutsteufel, ich lüfte den Hut und flüstere mit meinem bezauberndsten Lächeln: »Liebes Fräulein, ich mache Ihnen einen Vorschlag, geben Sie mir zwei Kronen und ich halte Ihnen den Busen, so lange Sie wollen.«

Die beiden Damen drehten sich empört um und begannen sehr laut um Hilfe zu rufen.

»Eine Frechheit – man belästigt uns.«

Ich erschrak sichtlich, und um den Schaden gutzumachen, meinte ich: »Meine Damen, ich sehe, es ist Ihnen das auch noch zu teuer, ich mache es umsonst.«

Neuerliche Empörung, die sich zum Toben steigerte und in dem Rufe nach der Polizei gipfelte.

Mein Freund Maxi benahm sich nicht als Freund, er suchte schon bei dem ersten Entrüstungskatarakt das Weite und ließ mich allein.

Als ich sah, daß diese beiden, in ihrer Aufregung noch netter gewordenen Mädchen einen richtigen Skandal zu machen drohten, blieb auch mir nichts andres übrig, als unrühmlich schnell hinwegzueilen und schleunigst im Hotel zu verschwinden.

Eine Stunde später traf ich Maxi auf der alten Wiese und sagte ihm Unfreundliches.

Ich zog seine Freundschaft in Zweifel, weil er mir nicht auf Gedeih und Verderb gegen diese entzückenden Megären zur Seite stand.

Er war beschämt und lustwandelte zerknirscht neben mir her.

Da kam uns eine größere Gesellschaft entgegen.

Ich hatte das kleine Abenteuer bereits vergessen, da gab es mir plötzlich einen Riß, ich glaubte, das Blut gefriere mir in den Adern; wen sehe ich vor mir – die beiden Busenhalterdamen.

Ich wollte schnell zum Bäcker Uhl, mir eine Oblate kaufen, aber zu spät.

Man hatte uns schon begrüßt, und meine Angst, daß ich meines, sehe es ein, nicht üblichen Benehmens wegen zur Verantwortung gezogen werde, war grundlos.

Die beiden lachten mich jetzt freundlich an, sie scheinen erfahren zu haben, wer und wie harmlos ich bin, kein Wüst-, sondern nur ein Frechling.

Die Mädchen waren sehr nett zu mir und erbaten sich eine Postkarte mit Unterschrift.

Selbstverständlich erhielten sie diese mit der Widmung, daß ich ihnen die Ablehnung meines Vorschlages verzeihe.

Ich ertappte mich, daß in mir von neuem der Wunsch – aber nein, das schickt sich nicht. –

Leo benimm dich!

Damit war das kleine Abenteuer zu Ende.

Vor dem Hotel Pupp steht ein Goethedenkmal.

Vor diesem standen zwei Amerikanerinnen, nicht so hübsch wie die von vorhin, im Gegenteil – und ich hörte, wie die eine Miss zur andern sagte: »Oh – he has a very interesting face, this Mister Pupp.«

Paprikahendl

1 Brathuhn, ca. 1000 g
Salz
Pfeffer aus der Mühle
2 El Öl
2 Zwiebeln
1 El Paprikapulver, edelsüß
1 El Tomatenmark
$1/2$ l Hühnerbrühe
1 Tl Zitronensaft
3 El Sauerrahm

Küchenkrepp

Das Huhn achteln, waschen und mit Küchenkrepp trockentupfen. Die Hühnerteile mit Salz und Pfeffer würzen.
Öl in einem Topf erhitzen und das Geflügel darin auf beiden Seiten kurz anbraten und in einer Schüssel beiseite stellen.
Die Zwiebeln schälen, in kleine Würfel schneiden und in demselben Topf ohne weitere Fettzugabe glasig dünsten. Anschließend Paprikapulver und Tomatenmark zufügen und kurz mitrösten lassen. Mit Hühnerbrühe und Zitronensaft aufgießen, aufkochen lassen und die Hühnerteile in den Topf zurückgeben. Zugedeckt ca. 30 Minuten bei schwacher Hitze garen.
Den Sauerrahm mit einem Schneebesen glattrühren.
Den Topf vom Herd nehmen und die Sauce mit Sauerrahm verfeinern.
Als Beilage eignet sich Reis.

*** * * ***

Wiener Backhendl

1 Tl Salz
1 Messerspitze Pfeffer
$1/2$ Tl Paprikapulver, edelsüß
1 Huhn, ca. 1000 g
2 Eier
Mehl zum Wenden
150 g Semmelbrösel
$1/2$ l Speiseöl

Küchenkrepp

Salz, Pfeffer und Paprikapulver in einem Schüsselchen miteinander vermischen.
Das Huhn vierteln und unter kaltem, fließenden Wasser waschen. Mit Küchenkrepp trockentupfen und mit der Gewürzmischung einreiben. Mehl, Eier und Semmelbrösel jeweils in einen flachen Teller geben. Die Eier gut verquirlen.
Die Hühnerteile erst im Mehl, dann in den Eiern und anschließend in den Semmelbröseln wenden.
Das Öl in einer großen Pfanne erhitzen. Die Hühnerviertel darin unter häufigem Wenden 25–30 Minuten bei mittlerer Temperatur goldgelb backen.
Man kann das Backhendl auch in der Friteuse bei 150 Grad fritieren. Nach 20–25 Minuten hat die Panade eine schöne goldgelbe Farbe.
Als Beilage eignen sich Kartoffeln und grüner Salat oder auch Kartoffelsalat.

*** * * ***

Gefüllte Wachteln in der Folie

Für die Füllung:
75 g Kalbfleisch
75 g Schweinefleisch
4 El flüssige Sahne
100 g Champignons
30 g Butter
1 alte Semmel, eingeweicht in $1/8$ l Milch
1 Ei
5 Blätter Basilikum, in Streifen geschnitten
$3/4$ Tl Salz
Pfeffer aus der Mühle
1 Messerspitze gemahlene Muskatnuß

Das Kalb- und Schweinefleisch mit einem Mixer pürieren. In eine Schüssel geben und gut mit der Sahne verrühren.
Die Champignons putzen, waschen, grob hacken und in geschmolzener Butter anrösten. Die Semmel ausdrücken und kurz mitbraten. Die Pilze und die Semmel aus der Pfanne nehmen und etwas abkühlen lassen. Mit dem Ei und dem Basilikum in die Schüssel zum Fleisch geben. Mit Salz, Pfeffer und Muskat würzen und gut vermengen.

4 Wachteln
Salz
Pfeffer aus der Mühle
Butter zum Bestreichen

Küchenkrepp
Alufolie

Den Backofen auf 250 Grad vorheizen

Die Wachteln waschen und mit Küchenkrepp trockentupfen. Die Außenseite der Vögel mit Salz und etwas Pfeffer würzen. Die Alufolie mit Butter bestreichen. Die Wachteln locker mit der vorbereiteten Füllung füllen. Auf die Alufolie legen und einwickeln. Im Ofenrohr 25 Minuten garen.

❋ ❋ ❋

Grüne Nudeln in Gorgonzolacreme mit gebratenen Austernpilzen

2 l Wasser
1 gestrichener Tl Salz
300 g grüne Bandnudeln

Das Salzwasser zum Kochen bringen. Die Nudeln in das kochende Wasser geben und je nach Packungsangabe 8–15 Minuten al dente kochen.

1 kleine Zwiebel
1 Tl Butter
100 g Gorgonzola
75 g Crème fraîche
3 Basilikumblätter, in Streifen geschnitten
1 Knoblauchzehe, geschält und zerdrückt
150 g Austernpilze
Salz
Pfeffer aus der Mühle
1 Tl Butter

Die Zwiebel schälen und in kleine Würfel schneiden.
Butter in einer Pfanne schmelzen und die Zwiebelwürfel glasig dünsten. Die Temperatur reduzieren und die Nudeln, den Gorgonzola, Crème fraîche, Basilikum und Knoblauch dazugeben und erwärmen.
Die Austernpilze putzen, waschen, in Scheiben schneiden und mit Salz und Pfeffer würzen.
In einer großen Pfanne Butter zerlassen und die Pilze auf beiden Seiten jeweils 1 Minute braten.
Die Nudeln auf Teller geben und die Austernpilze darauf anrichten.
Sofort servieren.

❋ ❋ ❋

Wiener Schnitzel

200 g Semmelbrösel
Mehl zum Wenden
3 Eier
8 Scheiben Kalbfleisch, je 80 g, vom Metzger dünn geklopft
Salz
Pfeffer aus der Mühle
200 g Butterschmalz
8 Zitronenscheiben
8 Sardellenfilets
1 kleines Glas Kapern

Semmelbrösel, Mehl und Eier jeweils in einen flachen Teller geben. Die Eier mit einer Gabel verquirlen.
Das Kalbfleisch mit Salz und Pfeffer würzen und zuerst im Mehl, dann in den Eiern und anschließend in den Semmelbröseln wenden.
Butterschmalz in einer großen Pfanne erwärmen und die Schnitzel auf beiden Seiten jeweils 5 Minuten braten, bis die Panade schön goldgelb ist.
Auf jeden Teller 2 Schitzel geben und auf jedes eine Zitronenscheibe legen. Aus den Sardellenfilets Röllchen formen, mit Kapern füllen und auf die Zitronenscheiben setzen.
Als Beilage schmeckt Erdäpfelschmarrn.

Mehlspeisen

Millirahmstrudel

Für den Teig:
250 g Mehl
1 1/2 El Öl
1 Ei
etwa 1/8 l lauwarmes Wasser
Öl zum Bestreichen

Das Ofenrohr auf 180 Grad vorheizen

Mehl, Öl, Ei und Wasser in einer Schüssel zu einem glatten Teig verkneten. Zu einer Kugel formen und mit Öl bestreichen, damit sich keine Haut bildet. Zugedeckt 1 Stunde ruhen lassen.

Für die Füllung:
50 g geschmolzene Butter
3 El Zucker
150 g Quark
1/8 l Sauerrahm
2 Eier, getrennt
1 El Zitronensaft
50 g Rosinen

In der Zwischenzeit Butter, Zucker, Quark, Sauerrahm, Eigelb, Zitronensaft und Rosinen in einer großen Schüssel miteinander vermischen. Das Eiweiß zu steifem Schnee schlagen und vorsichtig unterheben.

1 großes Küchentuch (Strudeltuch)

Mehl zum Ausrollen bzw. Ausziehen
zerlassene Butter für die Form
1/4 l heiße Milch
5 El Zucker

Den Teig auf ein großes bemehltes Tuch geben und mit einem Nudelholz so dünn wie möglich ausrollen. Mit bemehlten Handrücken unter den Teig greifen und von allen Seiten so ausziehen, daß man durchsehen kann. Der Teig darf aber nicht einreißen.

Die Füllung gleichmäßig auf dem Teig verteilen. Das Tuch vorsichtig anheben und den Strudel langsam einrollen lassen.
Einen Bräter mit zerlassener Butter einfetten, den Strudel mit dem Tuch hochheben und in den Bräter gleiten lassen.
Den Strudel mit zerlassener Butter bestreichen und in den vorgeheizten Backofen schieben.
Die heiße Milch mit dem Zucker vermischen und nach dreißigminütiger Backzeit über den Strudel gießen und weiterbacken lassen.
Nach weiteren 20 Minuten, wenn der Strudel goldgelb ist, aus dem Rohr nehmen und warm servieren.

* * *

Apfelstrudel

350 g gesiebtes Mehl
1 Ei
1 Prise Salz
1 El Öl
etwa 1/8 l lauwarmes Wasser
Öl zum Bestreichen

Das Ofenrohr auf 170 Grad vorheizen

Mehl, Ei, Salz, Öl und Wasser in einer Schüssel zu einem ziehfähigen Teig verarbeiten. Wenn der Teig noch zu fest sein sollte, etwas mehr Wasser zugeben, bis er schön elastisch ist.
Zu einer Kugel formen und die Oberfläche mit Öl bestreichen, so daß keine Kruste bzw. Haut entsteht. Zugedeckt 1 Stunde ruhen lassen.

Für die Füllung:
1 kg Äpfel (Boskop)
100 g gemahlene Haselnüsse
3 El Rosinen
2 El Zucker
2 Tl Zimt
2 Tl Rum
2 El flüssige Sahne

Die Äpfel schälen, vierteln und die Gehäuse rausschneiden. Die Apfelviertel zu dünnen Scheiben schneiden und in eine Schüssel geben. Haselnüsse, Rosinen, Zucker und Zimt darüberstreuen und vermengen. Rum und Sahne dazugeben und gut unterrühren.

Butter für das Backblech
Mehl zum Ausrollen bzw. Ausziehen
4 El geschmolzene Butter zum Bestreichen
1 Ei zum Bestreichen
Puderzucker zum Bestäuben

1 großes Küchentuch (Strudeltuch)

Das Backblech mit Butter einfetten. Ein großes Tuch auf einer Arbeitsfläche ausbreiten und mit Mehl bestreuen. Die Teigkugel darauflegen und mit einem Nudelholz dünn ausrollen. Anschließend mit bemehlten Handrücken unter den Teig fassen und diesen von allen Seiten so dünn ausziehen, daß man durchsehen kann. Er darf aber nicht einreißen.
Den Teig mit zwei Dritteln der geschmolzenen Butter bestreichen und die Füllung flächendeckend darauf verteilen.
Mit den Händen das Tuch vorsichtig anheben und den Teig langsam einrollen lassen. Das Ei mit einer Gabel verquirlen.
Den Apfelstrudel auf das eingefettete Blech gleiten lassen und mit dem Ei bestreichen. Im vorgeheizten Rohr 1 Stunde backen bis der Strudel goldgelb ist. Aus dem Backofen nehmen, mit der restlichen Butter bestreichen und mit Puderzucker bestäuben.
Warm mit Vanillesauce oder Vanilleeis servieren.

* * *

Zwetschgenknödel

1 kg Kartoffeln, am Vortag gekocht
Mehl zum Bestäuben
3–4 Eigelb
100 g Mehl
1 El zerlassene Butter
1 Prise Salz
8 Zwetschgen
3 l Wasser
1 gestrichener Tl Salz

Die Kartoffeln schälen, mit einer Kartoffelreibe kleinreiben und zu einer Kugel rollen. Ein Holzbrett mit Mehl bestäuben und die geriebenen Kartoffeln daraufgeben. In der Mitte der Kugel eine Mulde formen und Eier, Mehl, zerlassene Butter und Salz hineingeben. Mit den Händen, vorsichtig vom Rand weg zur Mitte hin, zu einem glatten Teig verarbeiten. Mit einem Tuch abdecken und eine halbe Stunde stehen lassen.
Die Zwetschgen waschen und entsteinen.
Den Teig in 8 ungefähr gleich große Stücke teilen. Jeweils eine Zwetschge mit einem Stück Kartoffelteig umhüllen.
In einem großen Topf Salzwasser zum Kochen bringen. Die Knödel in das kochende Wasser geben. Kurz aufkochen, die Temperatur reduzieren und 15 Minuten ziehen lassen.
Die Knödel mit einem Schaumlöffel aus dem Wasser heben, gut abtropfen lassen und auf Desserttellern anrichten.

2 El Kakaopulver
4 El Zucker
4 El zerlassene Butter

Kakaopulver und Zucker vermischen. Über die Zwetschgenknödel streuen, die zerlassene Butter darübergießen und sofort servieren.

Wie ein schöner Traum zieht all der Glanz an meinem geistigen Auge vorüber

Als ich zum ersten Male die Bretter der Wiener Hofoper betreten durfte, war eine wundervolle Künstlerschar versammelt. Ich erinnere mich all der Größen, die die Säulen des Ensembles bildeten: Reichmann, Winkelmann, Ritter, Grengg, Demuth, Schrödter, Schmedes, dann Anna von Mildenburg, Selma Kurz, Gutheil-Schoder, Lucie Weidt, Elisa Elizza und so fort.

Welche Feste wurden da gefeiert – Abend für Abend – welch eine Begeisterung, wenn Gustav Mahler Proben hielt, in alten, vergilbten Opern Köstlichkeiten bloßlegte, die das Pulbikum ins Theater strömen ließen und ihm Stunden reinsten, schönsten Genusses schenkten. Jeder war an seinem Platz, sich des Glücksgefühls bewußt, ein Auserwählter zu sein, weil er auf diesen geheiligten Brettern etwas zu sagen hatte.

Im Publikum die markanten Persönlichkeiten, die dem Ganzen ein vornehmes und dabei doch behagliches Gepräge gaben, wie es eben nur das damalige Wien vermochte.

Wie ein schöner Traum zieht all der Glanz an meinem geistigen Auge vorüber – wie sehne ich mich nach dieser sorglosen, glücklichen Zeit, die so viele, nicht mit Geld zu erkaufende Freuden spendete und das Leben lebenswert machte.

Die heutige Jugend, die das Frühere nicht kannte, ahnt ja gar nicht, *was* sie verloren hat, weiß nicht, *wie* schön es auf dieser Welt war.

Apfelkücherl

100 g Mehl
1 Prise Salz
3 Eier, getrennt
1 El Zucker
⅛ l Bier
4 mittelgroße, leicht säuerliche Äpfel
¼ l Öl oder 200 g Schweineschmalz
6 El Zucker
1 El Zimt

Mehl, Salz, Eigelb, Zucker und Bier zu einem glatten Teig verrühren. Das Eiweiß steif schlagen und mit einem Kochlöffel unter den Teig heben.
Die Äpfel schälen, die Gehäuse ausstechen, und in etwa 1 cm dicke Scheiben schneiden. Öl oder Schweineschmalz in einer Pfanne erhitzen. Zur Probe ob das Fett heiß genug ist, einen Tropfen Teig in die Pfanne geben. Steigt der Teig sofort auf, hat das Fett die richtige Temperatur. Die Apfelscheiben im Bierteig wenden und auf beiden Seiten, im heißen Fett schwimmend, goldgelb ausbacken.
Zucker und Zimt in einem flachen Teller vermischen. Die Apfelkücherl mit einem Schaumlöffel aus der Pfanne heben, abtropfen lassen und noch heiß im Zimtzucker wenden.
Schmeckt sehr gut mit Vanilleeis.

* * *

Topfenpalatschinken

Für die Füllung:
2 El Rosinen, in 4 El Rum und
2 El Wasser über Nacht eingelegt
2 Eier
2 El Zucker
40 g flüssige Sahne
500 g Quark

Den Rum und das Wasser abgießen und die Rosinen leicht ausdrücken. Rosinen, Eier, Zucker und Sahne mit dem Quark vermengen bis eine glatte Creme entsteht.

100 g Mehl
1 Prise Salz
3 Eier
⅛ l Milch
2 El Öl

Eine feuerfeste Form
Das Backrohr auf 180 Grad vorheizen

Mehl, Salz und Eier in einer großen Schüssel verquirlen bis der Teig Blasen wirft. Anschließend langsam die Milch einrühren. Für jeden Pfannkuchen eine halben El Öl in einer großen Pfanne erhitzen. Jeweils so viel Teig in die Pfanne geben, daß der Boden dünn bedeckt ist. Beide Seiten nacheinander goldbraun backen und aus der Pfanne nehmen.

Butter für die Form
²⁄₈ l Milch
3 Eier

Eine feuerfeste Form einfetten.
Jeden Pfannkuchen mit 2 El von dem vorbereiteten Quark füllen. Einrollen und in die Form geben.
Die Milch mit den Eiern verquirlen und über die Pfannkuchen gießen. Im vorgeheizten Ofenrohr etwa 20 Minuten backen bis die Topfenpalatschinken goldgelb sind.
Heiß servieren.

»Herr Kammersänger, die Krone«

»Herr Kammersänger, die Krone?«

»Was für eine Krone?«

»Also nämlich die Krone vom Propheten – bitte.«

»Sie ist nicht in dem Prophetenkupfer hineingegangen, sie ist in Zeitungspapier eingewickelt, ich hab' kein anderes gehabt, mit Spagat zusammengebunden; also da ist sie.«

So reichte mir Franz atemlos in letzter Minute vor Abgang des Orientexpreß ein Paket in den Waggon, zog den Hut und ging.

Elsa, mein Gemahl, war entsetzt.

Die schöne neue Krone mit den vielen Steinen und dem Hermelinbesatz.

Wie leicht kann da etwas verbogen und aus der Fasson gebracht werden.

Sofort war eine von den vielen ärgerniserregenden Hutschachteln, die nach Aussage meiner Frau alle unentbehrlich sind, entleert und die Krone hineingelegt.

Nachts, Grenze, Zollrevision.

»Nichts zu verzollen.«

»Nein, gar nichts, bitte!«

»Den Karton aufmachen.«

Innerlich fluchend, äußerlich freundlich, knüpfe ich das Zeitungspaket auf, verwünsche Franz – so viele Knoten hat er gemacht, der Beamte verfolgt aufmerksam jede meiner Bewegungen.

Wie die hermelinbesetzte Krone zum Vorschein kommt, erschrickt er sichtlich und sagt devot:

»Danke gehorsamst, Hoheit; 'tschuldigen schon die Störung.«

Kaiserschmarrn

320 g Mehl
$1/8$ l Milch
2 El Zucker
2 cl Rum
8 Eier, getrennt
1 Prise Salz
120 g Butter
4 El Rosinen
8 El Puderzucker

Mehl, Milch, Zucker, Rum, Eigelb und Salz in einer Schüssel zu einem glatten, klümpchenfreien Teig verrühren. Das Eiweiß zu steifem Schnee schlagen und langsam mit einem Kochlöffel unter den Teig heben.
Die Hälfte der Butter in einer großen Pfanne zergehen lassen und den Teig hineingießen. Die Rosinen darauf verteilen und unter mehrmaligem Wenden goldgelb backen. Den Teig jetzt mit zwei Gabeln in kleine Stücke reißen. Die restliche Butter dazugeben und schmelzen lassen. Zwei Drittel des Puderzuckers durch ein feines Sieb darüberstreuen und unter Rühren karamelisieren. Auf Teller geben und den restlichen Puderzucker auf den Kaiserschmarrn sieben.
Hat man keine so große Pfanne, dann den Kaiserschmarrn auf zwei Mal zubereiten.
Mit Kompott oder Apfelmus servieren.

Salzburger Nockerl

4 Eier, getrennt
2 El Zucker
$1/2$ Tl Zitronensaft
2 El Mehl
1 Messerspitze Speisestärke
3 El Milch
1 Tl Butter
Puderzucker zum Bestäuben

Eine feuerfeste Auflaufform
Den Backofen auf 180 Grad vorheizen

Eiweiß, Zucker und Zitronensaft mit einem Mixer steif schlagen. Mehl und Stärke daraufsieben, das Eigelb dazugeben und mit einem Kochlöffel vorsichtig unter den Eischnee heben.
Milch und Butter in einer feuerfesten Auflaufform aufkochen. Den Teig in drei Teilen in die Form geben, wobei das mittlere Stück etwas höher sein sollte als die beiden Randstücke.
Im vorgeheizten Ofenrohr etwa 20 Minuten backen bis das Nockerl eine schöne braune Farbe hat.
Der Teig geht nicht auf und fällt sofort zusammen, wenn der Ofen während der Backzeit geöffnet wird.
Vor dem Servieren nach Belieben mit Puderzucker bestäuben.
Das Nockerl wird in der Form serviert und am Tisch portioniert. Man sollte darauf achten, daß Fenster und Türen geschlossen sind, da sonst alle Mühe umsonst war!

Grießschnitten mit Zimtzucker

$1/2$ l Milch
3 El Zucker
30 g Butter
130 g Weizengrieß
2 Eigelb
2 El flüssige Sahne

Eine feuerfeste, viereckige Form

Milch, Zucker und Butter in einer feuerfesten Form zum Kochen bringen. Den Grieß einstreuen und 20 Minuten unter ständigem Rühren aufquellen lassen. Das Eigelb mit der Sahne verrühren und unter den Grieß mischen. Die Oberfläche glattstreichen und festwerden lassen. Vierecke schneiden und auf Tellern anrichten.

<u>Für den Zimtzucker:</u>
4 El Zucker
1 Tl Zimt

2 El Aprikosenmarmelade

Zucker und Zimt vermischen und über die Grießschnitten streuen. Warm mit Kompott servieren.
Die Grießschnitten schmecken auch kalt sehr gut. Dann bestreicht man die Hälfte aller Vierecke auf einer Seite mit Aprikosenmarmelade, deckt diese mit den restlichen Grießschnitten zu, und bestreut sie jetzt mit Zimtzucker.

Milchreis mit frischen Früchten

½ Vanillestange
1 l Milch
3 El Zucker
30 g Butter
200 g Milchreis (Rundkornreis)
frische Früchte nach Saison

Nach Belieben: 2 cl Rum

Die Vanillestange halbieren, mit einem Messerrücken ausschaben und das Mark mit der Schale in einen Topf geben. Milch, Zucker, Butter und, nach Belieben, Rum beifügen und zum Kochen bringen.
Den Reis waschen, gut abtropfen lassen und in die kochende Milch geben. Aufkochen lassen, zudecken und die Temperatur reduzieren. Bei kleiner Hitze unter häufigem Umrühren 40 Minuten köcheln lassen. Den Topf vom Herd ziehen und die Vanilleschote herausnehmen.
In tiefe Teller geben und mit frischen Früchten servieren.

✻ ✻ ✻

Mohnnudeln

1 kg Kartoffeln, am Vortag gekocht
1 El zerlassene Butter
100 g Mehl
1 Prise Salz
3–4 Eigelb
3 l Wasser
1 Tl Salz

Die Kartoffeln schälen und feinreiben.
Die zerlassene Butter, Mehl, Salz und Eigelb auf die Kartoffeln geben und gut verkneten. Den Teig anschließend für eine halbe Stunde zugedeckt ruhen lassen.
Salzwasser in einem großen Topf zum Kochen bringen.
Aus dem Kartoffelteig ca. 1 cm dicke und 5 cm lange Nudeln formen. In das kochende Wasser geben, kurz aufkochen, den Topf vom Herd nehmen und 10 Minuten ziehen lassen.

3 El Butter
150 g gemahlener Mohn
3 El Puderzucker, gesiebt

Währenddessen Butter in einer großen Pfanne schmelzen. Den Mohn und den Puderzucker einrühren bis der Mohn aufgequollen ist.

Die Nudeln in ein Sieb schütten und gut abtropfen lassen. In die Pfanne geben und so lange schwenken, bis alle Nudeln mit Mohn bedeckt sind.
Mit Apfelmus oder Kompott servieren.

✻ ✻ ✻

Fingerhüte

1 kg Kartoffeln, am Vortag gekocht
75 g Mehl
75 g Grieß
1 Ei
2 El Zucker
1 Prise Salz
2 El Butter
¼ l flüssige Sahne

Die Kartoffeln schälen und durch eine Kartoffelpresse in eine große Schüssel drücken. Mehl, Grieß, Ei, Zucker und Salz dazugeben und mit den Händen zu einem glatten Teig verarbeiten.
Aus dem Teig eine Rolle von ca. 1½–2 cm Durchmesser formen und diese in etwa 2 cm lange Stücke schneiden.
Butter in einer Pfanne schmelzen und die Teigscheiben unter häufigem Wenden goldgelb backen. Die Temperatur reduzieren, die Sahne über die Fingerhüte in die Pfanne gießen und unter ständigem Wenden weitere 5 Minuten köcheln lassen.
Direkt aus der Pfanne servieren.

✻ ✻ ✻

Scheiterhaufen

Butter für die Form
8 Semmeln, vom Vortag
3 Äpfel (Boskop)
50 g Haselnüsse
1 El Rosinen
1 Tl Zucker
Saft einer halben Zitrone
¼ l Milch
1 El Zucker

4 Eier, getrennt
1 Tl Zucker

Eine feuerfeste, ovale Form
Den Backofen auf 175 Grad vorheizen

Die Form gut einfetten.
Die Semmeln in 1 cm dicke Scheiben schneiden.
Die Äpfel schälen, vierteln und die Gehäuse rausschneiden. In dünne Scheiben schneiden und in einer Schüssel mit den Haselnüssen, Rosinen, dem Zucker und Zitronensaft gut vermischen. Milch und Zucker verrühren, die Weißbrotscheiben kurz darin wenden und die Milch zum weiteren Gebrauch zur Seite stellen.
Nun abwechselnd Semmel- und Apfelscheiben schichtweise in die Form legen.
Die beiseite gestellte Milch mit dem Eigelb verquirlen und gleichmäßig über die Semmel- und Apfelschichten gießen.
Das Eiweiß mit dem Zucker steif schlagen und mit einem Löffel kleine Nocken ausstechen. So auf der Mehlspeise verteilen, daß die ganze Oberfläche mit Eischnee bedeckt ist.
Im vorgeheizten Backofen etwa 30 Minuten garen, bis die Oberfläche hellbraun und fest ist.
Schmeckt am besten frisch aus dem Ofen.

Abschied vom Theater

Nichts dauert ewig, alles geht einmal zu Ende.

Nach meinem sechzigsten Geburtstag habe ich um meine Pensionierung gebeten, um am 1. September 1934 aus der Wiener Oper, der ich vierunddreißig Jahre angehörte, auszuscheiden.

Es war im April 1934, ich hatte noch zehn Vorstellungen bis zu Erfüllung meines Vertrages zu singen.

Ich sang den Othello.

War in bester Stimmung, das Publikum außergewöhnlich warm, die Zwischenakte wurden durchapplaudiert und nach dem Schwur im zweiten Akt schoß es mir durch den Kopf, daß dieser Abend ein herrlicher Schlußakkord wäre.

Nach der Oper heimgekommen, eröffnete ich meiner Frau:

»Liesi, heute abend habe ich zum letzten Male gesungen.

Die letzten zehn Vorstellungen schenken wir uns, denn so einen schönen Abend werde ich in dieser Abschiedsstimmung wohl kaum mehr haben.«

Sie verstand und stimmte mir bei.

Es war ein schwerer Entschluß, denn es ist keine Kleinigkeit, den Schlußpunkt hinter ein so reiches Künstlerleben zu setzen.

Aber ich war entschlossen und teilte am nächsten Morgen meinem Direktor diesen meinen Entschluß mit.

Ich bat ihn, mich nicht mehr anzusetzen und damit zu rechnen, daß ich nicht mehr auftrete.

Er war etwas bestürzt und meinte:

»Aber Slezak, Sie können doch nicht nach vierunddreißig Jahren so ohne weiteres verschwinden, ohne sich von Ihren Wienern zu verabschieden.«

Ich erwiderte: »Sehen Sie, lieber Herr Direktor, ich gehe nie zu fremden Begräbnissen, weil es mich zu traurig macht, warum soll ich zu meinem eigenen Leichenbegängnis gehen?

Jeden Abend, an dem ich in meine Garderobe zum Singen käme, würde ich zählen:

jetzt sind es noch acht, noch sieben, sechs Abende.

Das regt mich unsagbar auf, darunter würden auch meine Leistungen naturgemäß leiden, und dann gar der Abschied – ich glaube, ich brächte keinen Ton heraus.

Ich habe Abschiedsabende von Kameraden erlebt und mir zugeschworen, mir dieses Herzweh zu ersparen.

Gestern habe ich einen besonders guten Abend gehabt und mit diesem will ich Schluß machen.«

Ich bat auch noch, der Presse nichts mitzuteilen, daß ich abgehe, denn dann kämen die Nekrologe.

Aus Erfahrung weiß ich, daß aus diesen Nekrologen die Hinterbliebenen, in diesem Falle noch ich selber, immer erfahren, was der tote Künstler alles nicht gekonnt hatte und wo er versagte.

»Lassen Sie mich ruhig weggehen, ich verzichte gerne auf die Zusicherung, daß ich in den Annalen des Opernhauses weiterleben und mein Name in goldenen Lettern in das Buch der Staatstheater eingetragen werde.

Ich weiß, daß, wenn sich die Türe hinter mir schließt, von einem Weiterleben gar keine Rede mehr sein kann.

Man ist einfach nicht mehr da – und Schluß.«

Er gab mir schließlich recht und half mir in liebenswürdigster Weise meinen Wunsch erfüllen, wofür ich ihm sehr dankbar bin.

In der Vollkraft meines Schaffens bin ich abgegangen.

Mein sehnlichstes Gebet, nicht als alternder Sänger noch singen zu müssen und bemitleidet zu werden, wurde mir erfüllt.

Auch hat mir den Abschied von meinem herrlichen Beruf und meiner über alles geliebten Oper die Filmarbeit erleichtert.

Dafür danke ich meinem Herrgott aus ganzem Herzen.

*Nicht lange blickte Leo Slezak wehmütig zur Wiener Oper zurück.
Mit voller Kraft stürzte er sich in seine zweite Karriere:
Er eroberte die Leinwand als Filmkomiker.*

Seine Paraderolle war schnell gefunden:
Der Wiener Fiaker schien ihm auf den Leib geschrieben zu sein.

Wenn bei den Dreharbeiten gegessen wurde, war der Genießer Leo Slezak ganz in seinem Element...

...wie in dem Film »Mein Liebster ist ein Jägersmann«.

Die Fahrt in die Jugend

Bild und Ton G.m.b.H.
Frankfurt
im Verleiherkreis

Bis in die späten 30iger Jahre drehte Leo Slezak fast 40 Filme. Neben den für ihn klassischen Rollen als Wiener Fiaker spielte er die unterschiedlichsten Charaktere. Hier als Landarzt in »Die Fahrt in die Jugend«, als »Falstaff« in »Die Lustigen Weiber«,

mit Zarah Leander in »es war eine rauschende Ballnacht«,

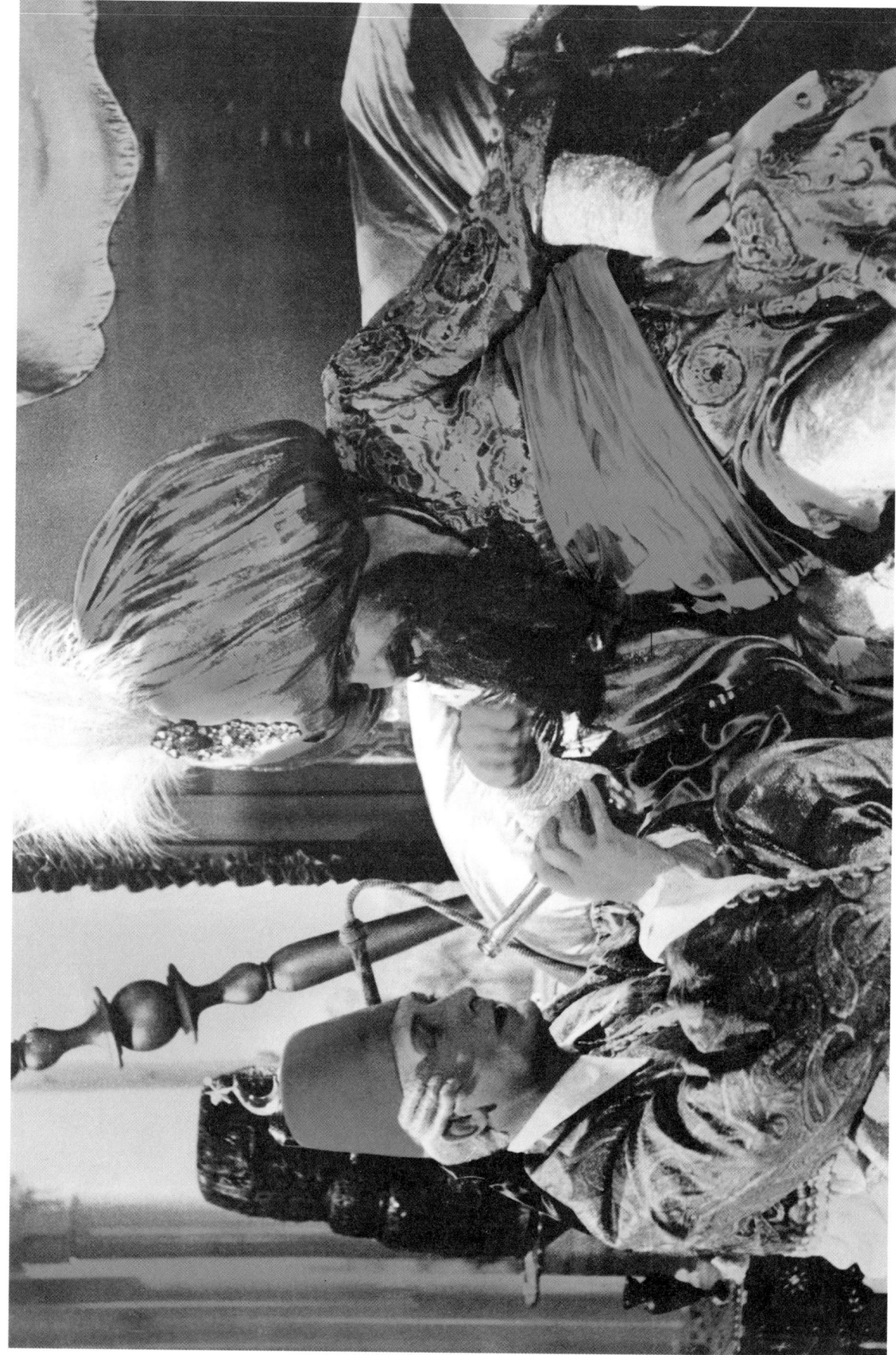

und als Sultan in »Münchhausen« mit Hans Albers.

Nichts ist mehr da, als Reste vom Dessert....

Film

Als ich in Berlin den Bürgermeister Nasoni in Gasparone spielte, erschien eines Abends in meiner Garderobe ein Filmproduzent und fragt mich, ob ich nicht Lust hätte, eine schöne, humoristische Rolle in einem Film zu spielen.

Ich sagte freudig zu, und in einigen Tagen stand ich zum ersten Male im Filmatelier, in einer für mich ganz neuen und interessanten Welt.

Meine erste Rolle war ein eifersüchtiger Diplomat, dem seine reizende junge Frau ganze Geweihsammlungen aufs Haupt setzte.

Der Film hieß: Der Frauendiplomat.

Dieser erste Versuch gelang, und nun stehe ich auf einsamer Höhe im Darstellen von alten Trotteln, ängstlichen Pantoffelhelden und Bramarbaseuren.

Bin eine singuläre Erscheinung auf dem Gebiete galliger Kracher, Einspänner und Fiakerkutscher.

Ich fühle mich in dieser Betätigung unsagbar wohl.

Meine lieblosen Kameraden sagen, wenn ich einen Fürsten spiele, bin ich auch ein Kutscher.

Der Neid.

Nur meine liebe Frau war mit dieser Lösung so gar nicht einverstanden.

Sie litt, wenn die Leute über mich lachten, was ja nicht wundernehmen kann, war sie doch durch Jahrzehnte immer gewöhnt, mich als hehren, schimmernden Helden zu sehen, der mit Musikbegleitung Schlachten gewann und dreimal die Woche Helden- und Liebestode starb.

Alle die Herrlichkeiten ernster und tiefer Musik hat sie in unmittelbarer Mitarbeit ein Menschenalter hindurch mit mir geteilt und empfand diese Umstellung als Abstieg.

Zum Glück war ich anderer Ansicht.

Ich sah den Wunschtraum meiner zartesten Jugend, Komiker zu werden, als – sagen wir, älterer Herr in so befriedigender Weise erfüllt.

Der Film hat für mich, dem es vierzig Jahre hindurch Lebenszweck war zu arbeiten, nicht nur den Wert des Geldverdienens, sondern wirkt sich hauptsächlich auf mein seelisches Wohlbefinden aus.

Die Arbeit erhält mich jung und läßt den Gedanken, daß ich laut Fahrplan eigentlich schon in die Würste gehören sollte, nicht aufkommen.

Wenn ich auch nicht mehr viel zu sagen habe, so ist es ja doch besser, als wenn ich als alter, verbitterter Pensionist in irgendeinem Stadtpark die Goldfische füttern und mich über meine tenorsingenden Nachfolger ärgern würde.

Als ich am 1. September 1934 von meiner geliebten Wiener Oper Abschied nahm und in Pension ging, fühlte auch meine Frau den Segen, der mir aus dieser Umstellung erwuchs, und freut sich heute mit mir, wenn etwas gut gelingt und ich im Film Erfolge habe.

Nun löste ein Film den andern ab, ich bekam Gelegenheit, in diese Sphäre Einblick zu tun, und darf mir jetzt erlauben, etwas darüber zu sagen.

Ich habe mich ganz eingelebt und kann mir gar nicht vorstellen, daß ich jemals etwas anderes gemacht haben könnte, als auf der Leinwand zu flimmern.

Ich nehme mir vor, einhundertviereinhalb Jahre alt zu werden und im Atelier zu sterben.

Aus Pflichtgefühl allerdings erst, nachdem ich die letzte Szene fertiggedreht habe, damit der Film erscheinen kann.

Nur bei der Premiere kann ich mich nicht mehr verbeugen, weil ich da schon tot sein werde.

Die Welt ist schnellebig, und unsereiner ist bald vergessen.

Wenn man nicht mehr auf der Bühne steht und sich dem Publikum nicht immer wieder in Erinnerung bringt, weiß bald niemand mehr, daß man überhaupt jemals existierte.

Ein kleines Beispiel erlebte ich in Binz auf Rügen, wo ich einige Erholungstage verbrachte.

Ich saß mit meiner Frau auf einer Bank am Meer, da kam ein Ehepaar vorbei.

Die Frau stieß ihren Gatten in die Seite und sagte in besonders gelungenem Sächsisch: »Guck emol – eener vom Kientopp.« –

Die Meine war empört.

Sie wollte hören: »Guck emol – der Othello, der Lohengrin, der Tannhäuser.«

Daß der Humor und die sogenannte Viecherei bei der Arbeit nicht zu kurz kommen und diese würzen, ist selbstverständlich

Daß der Humor und die sogenannte Viecherei bei der Arbeit nicht zu kurz kommen und diese würzen, ist selbstverständlich.

Nur wenn die Fröhlichkeit allzu üppige Blüten treibt und ins Chaotisch-Idiotische ausartet, wird man vom Regisseur sanft, aber energisch darauf hingewiesen, daß Kino gemacht wird und man von diesem Klamauk absehen möchte.

Besonders ich habe schon wieder, wie in der Schule damals, selbstverständlich unverschuldet, das Renommee eines Ruhestörers.

Immer wieder dieser Titel. Es ist zum Verzweifeln.

In der Langeweile des Wartens und im Übermut der Jugend werden mit Assistenz von lebensfrohen Regisseuren alle möglichen Scherze ersonnen, wie man einem Kameraden einen Schabernack antun und etwas Frohsinn ins Atelier tragen könnte.

Sehr beliebt ist es, den Liebhaber neben seine Partnerin zu stellen und längere Zeit da stehen zu lassen.

Der Regisseur läßt ihn seinen Satz reden, Empfindungen und Gefühle über sein Antlitz huschen, ihn in Stimmung versetzen, und er wird gar nicht photographiert, sondern nur seine Partnerin.

Dies geschieht aber nur Anfängern, die noch nicht das richtige Augenmaß dafür haben, ob sie von der Kamera erfaßt sind oder nicht.

Mir geschah dies nur einmal, weil ich ein heller Kopf bin und solche Sachen selber mache.

Ein lieber, prominenter Kollege war auch einmal das Opfer eines solchen Scherzes.

Er spielte einen Clown, sein Gesicht war schneeweiß angemalt.

In einer Szene hat er mir unter Tränen zu erzählen, daß er eine Tochter besitzt, die in einem vornehmen Pensionat untergebracht ist und nie erfahren darf, daß ihr Vater Zirkusclown ist.

Der Regisseur sagte: »Lieber Hans, da mußt du Tränen in den Augen haben, du mußt weinen.«

»Ich kann aber nicht auf Kommando wana.«

Die Schüssel vom Wasserdampf wegnehmen und weiterschlagen, bis die Eimasse nur noch lauwarm ist.
Anschließend die Schokolade in einer hitzebeständigen Schüssel im Wasserbad schmelzen und mit dem Rum in die Eimasse rühren.
Etwas Sahne zum Garnieren beiseite stellen. Die restliche Sahne vorsichtig unter die Mousse heben. Für 3 Stunden kaltstellen. Mit einem Eßlöffel Nocken ausstechen, auf Dessertteller geben und mit Sahne und frischen Früchten garnieren.

Mascarponecreme

500 g Mascarpone
4 El Puderzucker
2 El Rum
¼ l geschlagene Sahne

Zum Garnieren:
frische Früchte nach Saison

Die Mascarpone in einer Schüssel mit einem Schneebesen glattrühren. Den Puderzucker durch ein feines Sieb auf die Mascarpone sieben, den Rum dazugießen und in die Mascarpone rühren.
Ein wenig Sahne zum Garnieren zur Seite stellen. Die restliche Sahne vorsichtig unter die Creme heben. In Schälchen füllen und mit Sahne und frischen Früchten garnieren.

Kaffeecreme

500 g Mascapone
4 El Puderzucker
1 Tasse Mocca
2 El Kaffeelikör
¼ l geschlagene Sahne

Zum Garnieren: 4 Kaffeebohnen

Die Mascarpone mit einem Schneebesen glatt rühren. Den Puderzucker durch ein feines Sieb auf die Mascarpone sieben, den kalten Mocca und den Kaffeelikör dazugießen und gut einrühren.

Etwas Sahne zum Garnieren beiseite stellen. Die restliche Sahne mit einem Schneebesen unter die Creme heben.
In Gläser füllen und mit Sahne und jeweils einer Kaffeebohne garnieren.

Kirschcreme

500 g Margarine
4 El Puderzucker
4 El Kirschsaft
2 El Kirschwasser
¼ l geschlagene Sahne

Zum Garnieren:
Herzkirschen

Die Mascarpone mit einem Schneebesen glatt rühren. Den Puderzucker durch ein feines Sieb daraufsieben und mit Kirschsaft und Kirschwasser gut in die Mascarpone rühren.
Etwas Sahne zum Garnieren beiseite stellen. Vorsichtig die restliche Sahne mit einem Schneebesen unter die Creme heben.
Auf Tellern anrichten und mit Sahne und Kirschen garnieren.

Pfirsichcreme

500 g Mascarpone
4 El Puderzucker
2 El Pfirsichlikör
¼ l geschlagene Sahne
1 Pfirsich

Die Mascarpone in einer Schüssel mit einem Schneebesen glattrühren. Den Puderzucker durch ein feines Sieb auf die Mascarpone sieben. Den Pfirsichlikör einrühren. Ein wenig Sahne zum Garnieren zur Seite stellen. Die restliche Sahne mit einem Schneebesen vorsichtig unter die Creme ziehen.
Den Pfirsich waschen und in kleine Würfel schneiden. Die Hälfte der Pfirsichwürfel in die Creme rühren.
Die Pfirsichcreme auf flache Dessertteller geben und mit Sahne und den restlichen Pfirsichstückchen garnieren.

Orangenparfait

3 Eigelb
150 g Zucker
2 cl Cointreau
⅛ l Orangensaft
¼ l geschlagene Sahne

Zum Garnieren:
frische Früchte nach Saison

Eine Form mit Klarsichtfolie auslegen

Eigelb und Zucker im Wasserbad aufschlagen, bis sich der Zucker vollkommen aufgelöst hat. Abkühlen lassen und noch einmal kalt aufschlagen.
Den Cointreau und den Orangensaft einrühren und anschließend die Sahne unterheben.
In die mit Klarsichtfolie ausgelegte Form füllen und über Nacht in das Gefrierfach stellen.
Stürzen, die Klarsichtfolie abziehen, und das Parfait in Scheiben schneiden. Auf einer großen Platte anrichten und mit frischen Früchten garnieren.

✳ ✳ ✳

Lebkuchenparfait

50 g Lebkuchen
3 Eigelb
150 g Zucker
2 cl Rum
½ Tl Lebkuchengewürz
¼ l geschlagene Sahne

Zum Garnieren:
frische Früchte nach Saison

Eine Form mit Klarsichtfolie auslegen

Die Lebkuchen fein reiben.
Eigelb und Zucker im Wasserbad so lange schaumig schlagen bis sich der Zucker ganz aufgelöst hat und eine cremige Sauce entstanden ist. Dann noch einmal kalt aufschlagen und langsam den Rum und das Lebkuchengewürz einrühren.
Etwas Sahne zum Garnieren beiseite stellen. Die restliche Sahne unterziehen und die geriebenen Lebkuchen einrühren.
In die vorbereitete Form geben und für mindestens 12 Stunden in das Gefrierfach stellen.
Aus dem Eisfach nehmen, die Form stürzen und die Klarsichtfolie abziehen. In Scheiben schneiden und mit frischen Früchten und Sahne garnieren.

✳ ✳ ✳

Bayrisch Creme

8 Blatt Gelatine
⅛ l kaltes Wasser
½ l Milch
4 Eigelb
125 g Zucker
¼ l geschlagene Sahne

Zum Garnieren:
frische Früchte nach Saison

Die Gelatine in kaltem Wasser einweichen. Milch in einem Topf zum Kochen bringen. Währenddessen das Eigelb mit dem Zucker schaumig schlagen und langsam in die kochende Milch rühren. Aufkochen lassen und den Topf vom Herd nehmen.
Das Wasser sorgfältig aus der Gelatine drücken. Die Gelatine in den Topf geben und verrühren. Abkühlen lassen und die Sahne unterheben.
Die Creme in Gläser oder eine Schüssel füllen und für zwei Stunden im Kühlschrank kalt stellen.
Mit frischen Früchten garnieren.

✳ ✳ ✳

Mousse au chocolat

4 Eier
4 Eigelb
200 g Zucker
400 g Blockschokolade
4 El Rum
⅝ l geschlagene Sahne

Zum Garnieren:
frische Früchte nach Saison

Eier, Eigelb und Zucker im Wasserbad mit einem Schneebesen schaumig schlagen.

Auch in Berlin geschah es nach einem Film, in dem ich den letzten Fiaker spielte, daß am Kurfürstendamm eine Dame, auf mich mit dem Finger zeigend, laut aufschrie: »Der Kutscher.«

Nach der Premiere dieses Fiakerfilms in Berlin hörte ich auf der Treppe einen Begeisterten hinter mir sagen:

»Mensch, haste Worte? Den Mann haben diese Idioten vierzig Jahre lang Oper singen lassen.«

Man sieht, es ist von meiner Sängerlaufbahn, die gewiß eine sehr schöne war, nicht viel übriggeblieben, und nur eine immer kleiner werdende Anzahl von Musikliebhabern erinnert sich meiner Opernabende und Konzerte.

Die Menschen halten sich an das, was ist, und nicht an das, was war.

Damit habe ich mich schnell abgefunden, und ich kann mit Freuden konstatieren, daß ich mich selten im Leben so glücklich und zufrieden fühlte wie jetzt.

Alle die großen Aufregungen des Sängerberufes fallen fort.

Das quälende Angstgefühl, ob man auch gut bei Stimme sein, ob auch das, was man in der Studierstube in redlicher Arbeit und rastlosem Schaffen erworben hat, im Ernstfalle, vor dem Publikum, restlos da sein wird.

Restlos war es nie da.

Die Aufregung verschlang immer einen großen Prozentsatz.

Die ewige Sorge vor Erkältung, der geringsten Zugluft, vor Menschen, die eventuell einen Schnupfen haben könnten.

Immer das Verteidigen seiner Stellung, um auf der Höhe zu bleiben, denn es ist leichter, eine gewisse Höhe zu erreichen, aber viel schwerer, sich auf dieser Höhe zu erhalten.

Der hirnzerfressende Ehrgeiz ließ einen nicht ruhen, man mußte sich alles versagen, was das Leben angenehm macht.

Das liegt nun hinter mir, ich lebe zum erstenmal ein Leben, das mich freut, rauche den ganzen Tag, esse was mir schmeckt und sitze in Zugluft, ohne sie zu bemerken.

Wenn ich einmal heiser bin, eine Erkältung habe, freue ich mich wie ein Schneekönig, daß mir diese Heiserkeit den Buckel runterrutschen kann.

Das Filmen ist nicht immer eitel Wonne und Seligkeit, auch dieser Weg will erkämpft sein, fordert viel Energie, und die Strapazen, die zu überwinden sind, sind keine kleinen.

Aber man ist noch jung, lächerlich rüstig und weiß, daß man noch nicht zum alten Eisen gehört.

»Hans, aber du mußt weinen, die Tränen müssen dir nur so über die Wangen kollern.«

»Ich kann aber net wana, bei mir kollert nix.«

»Hans, es muß kollern, da muß eben Zwiebel her.«

Er ließ einen Teller mit Zwiebeln kommen, die wurden in feine Scheiben geschnitten und verbreiteten einen beizenden Geruch auf fünf Meter im Umkreise.

»Da mußt du fest riechen, Hans.«

Pflichtschuldigst atmete er den Zwiebelduft ein und in Bälde rannen ihm die Tränen in Strömen über die Backen, hinein in den Zwiebelteller.

Dann begann die Szene zwischen uns, und nach der Aufnahme, als die Farbe schon ganz von seinem Gesicht weggewaschen war, erfuhr er, daß nur ich photographiert wurde, er umsonst geweint hat, und daß es ein Gspaß war.

Wir lachten uns einen Ast, weil wir eingeweiht waren, er lachte mit, weil ihm nichts anderes übrigblieb und er kein Spaßverderber ist.

Windbeutel

⅛ l Wasser
1 Tl Zucker
25 g Butter
Salz
75 g Mehl
2 Eier
Butter für das Kuchenblech

Das Backrohr auf 175 Grad vorheizen

Wasser, Zucker, Butter und Salz in einem Topf zum Kochen bringen. Mehl einrühren bis der Teig so glatt ist, daß er sich vom Topf ablöst.
Den Topf vom Herd nehmen. Den Teig abkühlen lassen und die Eier untermischen.
Ein Kuchenblech einfetten. Den Teig in vier Häufchen mit großem Abstand auf das Blech geben, da die Windbeutel sehr stark aufgehen.
Im vorgeheizten Rohr 40 Minuten backen, bis die Windbeutel schön goldbraun sind.
Aus dem Ofen nehmen und abkühlen lassen.

Für die Füllung:
⅛ l Sahne
1 El Vanillezucker
250 g Erdbeeren
Puderzucker zum Bestäuben

Die Sahne mit dem Vanillezucker steif schlagen.
Die Windbeutel vorsichtig mit einem Messer halbieren, und jeweils die untere Hälfte mit Sahne bestreichen. Die Erdbeeren putzen, waschen und vierteln. Auf der Sahne verteilen und mit den anderen Teighälften zudecken. Mit Puderzucker bestäuben und sofort servieren.

✻ ✻ ✻

Rahmwaffeln

25 g flüssige Margarine
50 g Mehl
2 Eier
½ Päckchen Vanillezucker
1 Prise Salz
1 Tl Rum
⅛ l flüssige Sahne
Öl für das Waffeleisen

Das Waffeleisen auf 150 Grad vorheizen

In einer großen Schüssel Margarine, Mehl, Eier, Vanillezucker, Salz und Rum zu einem glatten Teig verarbeiten. Die Sahne dazugeben und einrühren.
Das vorgeheizte Waffeleisen gut mit Öl einstreichen. Mit einem Schöpflöffel achtmal Waffelteig auf das Eisen geben und jeweils 5–8 Minuten backen, bis die Waffeln goldbraun sind. Die Waffeln aus dem Eisen nehmen und etwas abkühlen lassen.

Für die Füllung:
¼ l Sahne
1 El Zucker
200 g Erdbeeren
Puderzucker zum Bestäuben

Die Sahne mit dem Zucker steif schlagen. Die Erdbeeren putzen, waschen und halbieren.
Auf vier Waffelhälften Sahne streichen und mit Erdbeeren belegen. Mit den restlichen Waffelhälften zudecken und mit Puderzucker bestäuben.
Schmecken frisch am besten.

✻ ✻ ✻

Zwetschgendatschi

Ergibt etwa 12 Stück

Butter für das Kuchenblech
250 g Mehl
40 g Zucker
25 g Salz
40 g weiche Butter
1 Ei
25 g Hefe
100 ml lauwarme Milch
Mehl zum Ausrollen

Das Ofenrohr auf 200 Grad vorheizen

Ein Blech einfetten.
Mehl, Zucker, Salz, Butter, Ei, Hefe und Milch in einer großen Schüssel gut verkneten.

Mehl auf ein Brett oder eine Arbeitsfläche streuen und den Teig darauf ca. 3 mm dick ausrollen.
Das eingefettete Blech mit dem Teig auslegen.

Für den Belag:
100 g Semmelbrösel
750 g Zwetschgen
4 El Zucker
½ Tl Zimt

Zum Garnieren:
¼ l geschlagene Sahne

Die Semmelbrösel gleichmäßig auf dem Teig verteilen.
Die Zwetschgen waschen, in der Mitte einschneiden und die Kerne entfernen. Die Früchte nochmals in der Mitte einschneiden, so daß zusammenhängende Viertel entstehen. Den Teig damit dicht an dicht belegen und an einer warmen Stelle 20 Minuten gehen lassen.
Im vorgeheizten Rohr ca. 20–25 Minuten backen.
Zucker und Zimt vermischen.
Den Datschi aus dem Ofen nehmen, mit Zimtzucker bestreuen und abkühlen lassen. Mit Schlagsahne servieren.

❋ ❋ ❋

Käsekuchen

Ergibt etwa 12 Stück

Für den Mürbteig:
50 g Zucker
100 g Butter
150 g Mehl

Springform von 24 cm Durchmesser
Das Ofenrohr auf 190 Grad vorheizen

Zucker, Butter und Mehl in einer Schüssel zu einem glatten Teig verkneten. Zu einer Kugel formen und für 30 Minuten in den Kühlschrank stellen.

1 kg Magerquark
3 Eier
70 g Puddingpulver
Saft einer Zitrone
1 Prise Salz
180 g Zucker
150 g flüssige Butter
⅛ l Milch oder flüssige Sahne
Mehl zum Ausrollen

Quark, Eier, Puddingpulver, Zitronensaft, Salz und Zucker in einer großen Schüssel gut vermengen. Langsam die flüssige, aber nicht mehr heiße Butter einrühren. Zum Schluß die Milch oder Sahne unterrühren.

Den Mürbteig aus dem Kühlschrank nehmen und auf einer bemehlten Arbeitsfläche ausrollen. Zuerst den Boden der Springform mit Teig auslegen. Den restlichen Teig wieder zu einer Kugel zusammenkneten und mit den Händen eine gut 24 cm lange Rolle formen. Damit den Rand der Springform auslegen. Mit den Fingern gut fest- und flachdrücken, so daß der Rand der Kuchenform bis zur Hälfte mit Teig bedeckt ist.
Die Quarkmasse auf den Teig gießen und den Kuchen im vorgeheizten Rohr 45 Minuten backen.
Aus dem Ofen nehmen, etwa 20 Minuten abkühlen lassen und dann den Rand der Springform entfernen. Nach Belieben den Kuchen in Stücke schneiden, auf Dessertteller geben und servieren.
Schmeckt lauwarm vorzüglich.

❋ ❋ ❋

Eierlikörsandkuchen

Ergibt etwa 12 Stück

Butter für die Form
1 El Mehl
5 Eier
250 g Puderzucker
¼ l Öl
¼ l Eierlikör
125 g Mehl
15 g Backpulver
125 g Speisestärke
1 Päckchen Vanillezucker
Puderzucker zum Bestäuben

Eine Springform von 24 cm Durchmesser
Das Ofenrohr auf 185 Grad vorheizen

Die Form mit Butter einfetten und Mehl darauf verteilen. Auf den Kopf stellen und das überschüssige Mehl herausklopfen.
Die Eier in eine Schüssel schlagen. Den Puderzucker darauf sieben und schaumig rühren. Langsam Öl und Eierlikör eingießen und so kräftig rühren, daß der Teig schaumig bleibt.
Mehl, Backpulver und Speisestärke auf den Teig sieben und Vanillezucker darüberstreuen. Langsam unter den Teig heben.
Den Teig in die vorbereitete Form geben. Im vorgeheizten Backofen 45 Minuten backen, bis der Kuchen schön aufgegangen ist und eine goldbraune Farbe hat.
Mit Puderzucker bestäuben und in große Stücke schneiden.

✼ ✼ ✼

Slezaktorte

Ergibt etwa 12 Stück

Butter für die Form
200 g Zucker
5 Eier
150 g Mehl
100 g Speisestärke
125 g geschmolzene Butter

Eine Springform von 24 cm Durchmesser
Das Ofenrohr auf 180 Grad vorheizen

Eine Form mit Butter einfetten.
Zucker und Eier mit einem Schneebesen im Wasserbad warm aufschlagen. Aus dem Wasserbad nehmen und noch einmal kalt aufschlagen bis die Eiercreme das dreifache Volumen hat.
Mehl und Stärke vermischen. Jetzt abwechselnd Mehl in den Eischaum sieben und anschließend zerlassene Butter mit einem Kochlöffel unterheben. So lange wiederholen, bis sowohl das gesamte Mehl als auch die ganze Butter unter den Teig gerührt ist.
Den Teig in die gefettete Form geben und im vorgeheizten Backofen 40 Minuten backen.
Mit einem Holzstäbchen anstechen. Wenn kein Teig haften bleibt, ist der Kuchen fertig.

Für die Füllung:
250 g Butter, zu Flöckchen geraspelt
100 g dunkle Kouvertüre oder Blockschokolade
2 gehäufte El Puderzucker
2 El Rum, 38 %
4 El feste Vanillecreme
2 Birnen, halbiert und gedünstet

Zum Garnieren:
150 g Schokoladenraspel

Die Butterflocken in eine Schüssel geben und so lange schaumig schlagen, bis die Butter das doppelte Volumen hat.
Die Schokolade in kleine Stücke brechen und im Wasserbad schmelzen.
Den Puderzucker auf die schaumig geschlagene Butter sieben, den Rum, die Vanillecreme und die geschmolzene Schokolade dazugeben und alle Zutaten gut verrühren.
Zwei Birnen schälen und kleinwürfeln.

Den Kuchen in drei etwa gleich hohe Scheiben schneiden.
Eine Scheibe mit Buttercreme bestreichen und die Hälfte der Birnenstückchen darauf verteilen. Einen weiteren Tortenboden daraufsetzen und den Vorgang wiederholen.
Den dritten Tortenboden darauflegen und mit reichlich Buttercreme bestreichen.
Mit der restlichen Buttercreme den Rand einstreichen. Die Schokoladenraspel gleichmäßig über die Torte streuen.
Nach Belieben mit Schlagsahne servieren.

✼ ✼ ✼

Rote Grütze

150 g Himbeeren
150 g Erdbeeren
100 g Johannisbeeren
100 g Heidelbeeren
¼ l Orangensaft
⅛ l leichter Rotwein
Saft einer halben Zitrone
4 El Zucker
1 El Speisestärke
2 El Rotwein

Zum Garnieren:
⅛ l geschlagene Sahne

Die Früchte putzen und waschen.
In einem großen Topf Orangensaft, Rotwein, Zitronensaft und Zucker zum Kochen bringen. Die Früchte dazugeben und aufkochen lassen. Stärke mit Rotwein anrühren und unter die Früchte mischen.
Die Grütze 2 Stunden kaltstellen und mit geschlagener Sahne garnieren.
Schmeckt auch vorzüglich mit Vanillesauce.

❊ ❊ ❊

Vanillepudding mit frischen Erdbeeren

1 Vanilleschote
½ l Milch
100 g Zucker
40 g Speisestärke
5 Eigelb
3 El Milch

Zum Garnieren:
400 g Erdbeeren, ⅛ l geschlagene Sahne

Vier Puddingförmchen

Die Vanilleschote der Länge nach halbieren und das Mark mit einem Messerrücken ausschaben.
In einem Topf die Milch mit Zucker und dem Vanillemark zum Kochen bringen.
Stärke, Eigelb und Milch in einer Schüssel glattrühren. Langsam in die kochende Milch einrühren und 2 Minuten kochen lassen.
Die Förmchen mit klarem kalten Wasser ausspülen. Den Vanillepudding einfüllen und 1½ Stunden kalt stellen.
Die Erdbeeren waschen, den Strunk entfernen, und halbieren. Große Früchte vierteln.
Den Rand des Vanillepuddings mit einer Messerspitze ablösen und die Förmchen mit der Unterseite kurz unter heißes Wasser halten. Auf großen Dessertteller stürzen und mit Sahne und reichlich Erdbeeren garnieren.

❊ ❊ ❊

Flambierte Bananen

2 Bananen
60 g Butter
3 Tl Zucker
2 cl Grand Marnier
2 cl Cognac
3 cl Orangensaft
4 Tl geriebene Schokolade
⅛ l flüssige Sahne

Zum Garnieren:
⅛ l geschlagene Sahne

Die Bananen schälen und halbieren.
Butter in einer großen Pfanne schmelzen und die Bananenhälften auf beiden Seiten kurz anbraten. In eine Ecke der Pfanne schieben. Den Zucker einstreuen und karamelisieren bis er eine schöne hellbraune Farbe hat. Mit Grand Marnier und Cognac übergießen, mit einem Streichholz anzünden und mit Orangensaft ablöschen. Die Bananen kurz darin wenden, aus der Pfanne nehmen und auf flache Dessertteller legen.
Die Schokolade und die Sahne in dieselbe Pfanne geben. Unter ständigem Rühren schmelzen und über die Bananenhälften gießen. Mit geschlagener Sahne garnieren und noch warm servieren.

Mein Steckbrief

Steckbrief ist ein ominöses Wort und entbehrt nicht eines beunruhigenden Beigeschmacks.

Als ob ich etwas ausgefressen hätte.

Aber was tut man nicht alles, um eines originellen Titels willen.

Mein Name ist Leo – ich sage dies, weil es nämlich noch einen Slezak gibt – meinen Sohn Walter.

Ich bin einen Meter fünfundneunzig groß, imposant in der Erscheinung und, wie alle Bedeutenden, vollschlank.

Augenfarbe: tegernseeblau.

Haare: teutonenblond, bis auf die Schläfen, die schon etwas angegräuelt sind, aber hie und da noch lockig und so lang, daß sie schamhafte Blößen zuzudecken vermögen.

Schuhgröße: Als nach dem Friedensvertrag von Versailles alle Schlachtschiffe abgeliefert werden mußten, hat man mir meine Galoschen weggenommen, weil man sie für die kleinere Type eines unbemannten Unterseebootes hielt.

Ich bin geboren. Leider bin ich schon in dem Alter, wo man aus seinem Geburtsjahr kein Hehl zu machen und dieses nach vorne zu verlegen braucht.

Ich habe drei Jahre hindurch meinen sechzigsten Geburtstag gefeiert.

Öfters ist es nicht mehr gegangen.

Ich bin also über sechzig und in Mährisch-Schönberg im Sudetenland geboren.

Aufgewachsen bin ich in Brünn, wo alle echten Wiener herkommen. In Brünn hat sich alles für mein Leben vorbereitet.

Dort habe ich mit Riesenerfolg den Kindergarten absolviert, dann kam ich in die Volksschule, wo ich weniger reüssierte, um in der Mittelschule voll und ganz zu versagen.

Das alles ist zwar schon bis zur Erschlaffung bekannt, aber es gehört dazu, um ein erschöpfendes Bild zu schaffen.

Daß ich vor hundert Jahren beim Schmieden eines Schwertes sang und bei dieser Gelegenheit entdeckt wurde, kann ich nur als böswillige Erfindung anprangern und in das Land der Fabel verweisen.

Vor hundert Jahren war ich noch nicht auf der Welt.

Auch daß ich die Schlosserei erlernte, weiß man schon, und es ärgert sich jedermann, wenn er es immer wieder hört, und es entlockt keinem Menschen ein Erstaunen.

Dann wurde ich Sänger und sang vierzig Jahre hindurch.

Etwas reifer geworden, wurde ich es müde, als schimmernder Held einherzuschreiten, und ging in Pension.

Dann kam der Film und der in den Opern schlummernde Humor zum Durchbruch, ich wurde Chefkomiker.

Über mein Privatleben ist nicht viel zu sagen, wir sind eine sehr uninteressante Familie.

Wir sind uns untereinander sehr sympathisch und froh, wenn wir zusammensein können, was gerade jetzt der Fall ist, weil mein Junge zu Besuch im Elternhause weilt.

Er ist ein Elternhausweiler.

Besagter Sohn ist ein lieber Kerl und macht mir als Chefkomiker ernsteste Konkurrenz.

Ich sah ihn auf der Bühne, und wenn er nicht mein Sohn wäre, müßte ich neidisch sein auf ihn.

Meine Tochter Margarete, daheim Greterl genannt, tut dasselbe, was ich einst tat, sie singt.

Sie ist auch sehr lieb und macht ihrem Vater Freude.

Meine Enkelin Helga ist ein wackeres Mädchen und hat besonders bei Schul-Sammlungen bedeutende Erfolge.

Mit ihren Schulaufgaben weniger.

Aber sie ist zum Fressen und in der Familie wohlgelitten.

Ich habe meinen Wohnsitz von Wien nach Berlin verlegt, weil wir mit Kind und Kindeskind beisammen sein wollen und ich dabei an Fernsprechgebühren erspare, was die Übersiedlung gekostet hat.

Daß ich beabsichtige, einhundertviereinhalb Jahre alt zu werden und nicht eine Viertelstunde älter, habe ich bereits gesagt, halte es daher für überflüssig, dies noch einmal zu erwähnen.

Nun will ich aber diesen Steckbrief beschließen, sonst verscherze ich mir das Wohlwollen und die Sympathien meiner lieben Leser, deren ich so dringend bedarf.

Zum Schluß ein paar Besonderheiten

Leo's Geburtstagsmenü:

Krebse im Biersud

1 mittelgroße Karotte
1 kleine Sellerieknolle
1 kleine Petersilienwurzel
1 kleiner Lauch
4 Pfefferkörner
3 Wacholderbeeren
2 Lorbeerblätter
1 El Butter
½ l dunkles Bier
½ El Salz
Pfeffer aus der Mühle
Saft einer halben Zitrone
1 Tl ganzer Kümmel
500 g Krebsfleisch

Ein Küchentuch oder eine Stoffserviette
Küchenzwirn

Das Gemüse putzen, waschen und in dünne Streifen schneiden. Die Pfefferkörner, Wacholderbeeren und Lorbeerblätter in ein Küchentuch wickeln und mit Zwirn gut zubinden.
Butter in einem mittelgroßen Topf zergehen lassen und die Gemüsestreifen darin glasig dünsten. Mit Bier aufgießen. Das Gewürzsäckchen mit Zwirn an einem Topfhenkel festbinden, in den Sud hängen und mitkochen lassen.
Den Sud aufkochen, das Krebsfleisch hineingeben und den Topf vom Herd nehmen.
Zugedeckt 10 Minuten ziehen lassen.
In tiefen Tellern anrichten und Weißbrot dazu reichen.

* * *

Spanferkel Braumeister Art mit Speckknödeln und warmem Krautsalat

1 Karotte
1 Scheibe Sellerie
1 Zwiebel
1 kg Spanferkel
1 Knoblauchzehe, geschält und zerdrückt Salz
Pfeffer aus der Mühle
½ Tl Majoran
2 El Öl
1 El Tomatenmark
½ l dunkles Bier
1 El Mehl
¼ l Rinderbrühe
Zum Abschmecken: Salz, Pfeffer aus der Mühle

Das Ofenrohr auf 175 Grad vorheizen

Die Karotte, den Sellerie und die Zwiebel schälen, waschen und kleinwürfeln.
Das Spanferkel zuerst mit Knoblauch, dann mit Salz und Pfeffer gut einreiben.
Etwas Majoran darüberstreuen.
Öl in einer Bratreine erhitzen, das Spanferkel von allen Seiten kurz anbraten und anschließend in das vorgeheizte Ofenrohr schieben.
(Nach Möglichkeit jetzt die Speckknödel zubereiten.)
Nach dreißigminütiger Bratzeit das vorbereitete Gemüse in die Reine geben, das Tomatenmark beifügen und mit einem Kochlöffel gut durchrühren.
Das Spanferkel wenden, mit etwas Bier übergießen und noch eine halbe Stunde weiterbraten lassen.
(Jetzt den Krautsalat nach Möglichkeit zubereiten.)
Das Spanferkel aus dem Rohr nehmen und auf einer vorgewärmten Platte warmstellen.
Das Gemüse mit Mehl bestäuben, gut verrühren und den Bratensaft mit dem restlichen Bier und der Brühe aufgießen.

Mit Salz und Pfeffer abschmecken und die Sauce durch ein feines Sieb passieren.
Das Spanferkel in Scheiben schneiden und mit der Sauce, den Speckknödeln und dem Krautsalat servieren.

Für die Speckknödel:
8 Semmeln vom Vortag
²/₈ l Milch
3 Eier
1 El frische, gehackte Petersilie
2 Prisen gemahlene Muskatnuß
2 Prisen Salz
Pfeffer aus der Mühle
1 kleine Zwiebel
200 g geräuchertes Wammerl, in kleine Würfel geschnitten
1 El Butter
eventuell noch etwas Milch zum Strecken
3 l Wasser
1 gestrichener Tl Salz

Die Semmeln in Scheiben schneiden und in einer großen Schüssel mit Milch übergießen. Die Eier, Petersilie und Gewürze dazugeben und gut durchkneten.
Die Zwiebel schälen und kleinwürfeln. Die Zwiebel- und Speckwürfel in geschmolzener Butter glasig dünsten. Etwas abkühlen lassen, in die Schüssel geben und gut mit den restlichen Zutaten vermengen.
Sollte der Knödelteig zu fest sein, mit etwas Milch strecken und noch einmal durchkneten.
In einem großen Topf Salzwasser zum Kochen bringen.
Aus dem Teig etwa faustgroße Knödel formen. Vorsichtig in das kochende Wasser geben. Kurz aufkochen, den Topf vom Herd nehmen und 15 Minuten ziehen lassen.
Mit einem Schaumlöffel aus dem Topf heben und gut abtropfen lassen.
Dampfend servieren.

Für den Krautsalat:
1 kleines Weißkraut, ca. 1 kg
2 Tl Salz
1 El Zucker
2 El Speiseöl
1 Zwiebel
100 g geräuchertes Wammerl, in kleine Würfel geschnitten
1 El Öl
¼ l Wasser
3 El Essig
1 El Kümmel

Die äußeren Blätter vom Weißkraut entfernen und den Strunk rausschneiden. Das Kraut sorgfältig unter fließendem Wasser waschen und in dünne Streifen schneiden oder hobeln. In eine Schüssel geben, mit Salz, Zucker und Öl würzen und gut durchkneten.
Die Zwiebel schälen, kleinhacken und mit dem Speck im heißen Öl braten. Über das Kraut geben.
Wasser, Essig und Kümmel in einem kleinen Topf zum Kochen bringen und heiß über das Kraut gießen.
Warm auf den Tisch bringen.

Aprikosenknödel

500 g Magerquark
70 g Butter
3 Eier, getrennt
1 Prise Salz
1 El Zucker
200 g Semmelbrösel
12 Aprikosen
12 Stück Würfelzucker
3 l Wasser
1 gestrichener Tl Salz

Den Quark durch ein Sieb in eine Schüssel drücken. Butter und Eigelb dazugeben und gut verrühren. Salz und Zucker beifügen und vermengen.
Das Eiweiß steif schlagen und mit einer Gabel vorsichtig unterheben. Die Semmelbrösel einrühren bis ein formbarer Teig entsteht. Den Teig eine ½ Stunde zugedeckt ruhen lassen.
Die Aprikosen gründlich waschen, entkernen und jeweils mit einem Stück Würfelzucker füllen. Die Früchte mit Teig umhüllen.
Salzwasser in einem großen Topf zum Kochen bringen.
Die Knödel vorsichtig in das kochende Wasser legen und aufkochen bis die Knödel an die Oberfläche steigen. Den Topf vom Herd nehmen und zugedeckt 10 Minuten ziehen lassen.

Für die Butterbrösel:
70 g Butter
150 g Semmelbrösel

Puderzucker zum Bestäuben

Währendessen Butter in einer Pfanne erhitzen und die Semmelbrösel darin anrösten. Die Knödel mit einem Schaumlöffel aus dem Wasser heben, gut abtropfen lassen und in den angerösteten Semmelbröseln wälzen. Mit Puderzucker bestäuben und heiß servieren.

Leo's Weihnachtsmenü:

Roggensuppe

50 g Roggen, über Nacht in kaltem Wasser eingeweicht

½ Zwiebel
1 kleine Karotte
1 Scheibe Sellerie
1 kleine Stange Lauch
1 El Butter
¾ l Rinderbrühe

Der Roggen muß unbedingt vor dem Einweichen verlesen werden. Roggen ist sehr anfällig für Mutterkorn, einen Getreideparasiten, der für den Menschen eine stark gesundheitsschädigende Wirkung hat. Die befallenen Körner sind daran zu erkennen, daß sie vergrößert und schwarz verfärbt sind.

Das Wasser vom Roggen abgießen und den Roggen noch einmal waschen. Die Zwiebel schälen und kleinhacken. Die Karotte und den Sellerie putzen, waschen und kleinwürfeln. Den Lauch halbieren, waschen und in 1 cm breite Scheiben schneiden. Butter in einem Topf schmelzen und den Roggen und das vorbereitete Gemüse bei niedriger Temperatur 5 Minuten leicht andünsten. Mit Brühe aufgießen und 30 Minuten bei mittlerer Hitze kochen. Sofort servieren.

Kabeljau in Kerbelrahm, dazu Kastanienreis

4 Kabeljaufilets, je 180 g

Für den Wurzelsud:
1 Karotte
1 Scheibe Sellerie
1 Petersilienwurzel
1 kleiner Lauch
1½ l Wasser
¼ l trockener Weißwein
Saft einer Zitrone
1 El Salz
4 Pfefferkörner
4 Wacholderbeeren
2 Lorbeerblätter

Den Kabeljau unter fließendem kalten Wasser waschen.
Die Karotte, den Sellerie und die Petersilienwurzel schälen, waschen und kleinwürfeln. Den Lauch halbieren, waschen und in dünne Scheiben schneiden.
Wasser, Weißwein, das vorbereitete Gemüse, den Zitronensaft und die Gewürze in einem großen Topf zum Kochen bringen. Die Fischfilets in den Sud legen und die Temperatur sofort reduzieren. Bei schwacher Hitze 15–20 Minuten ziehen lassen.

Für die Kerbelrahmsauce:
⅜ l Fischsud
100 g Kerbel
2 El Butter
3 El Mehl
100 g Sauerrahm
Zum Abschmecken: weißer Pfeffer aus der Mühle

Währenddessen den Fischsud durch ein feines Sieb passieren.
Den Kerbel waschen und kleinschneiden. Butter in einem Topf schmelzen und das Mehl mit einem Schneebesen einrühren. Mit dem passierten Fischsud aufgießen und unter ständigem Rühren aufkochen lassen. Vom Herd nehmen und erst den Kerbel, dann den Sauerrahm einrühren. Mit etwas weißem Pfeffer abschmecken.

Für den Kastanienreis:
50 g Maronen
1 kleine Zwiebel
1 Lorbeerblatt
3 Nelken
1 El Butter
2 Tassen Reis
4 Tassen Wasser
1 Tl Salz

Das Ofenrohr auf 180 Grad vorheizen

Die Maronen kreuzförmig einschneiden und in den vorgeheizten Backofen legen, bis sich die Schale leicht wölbt. So lassen sich die Maronen leichter schälen. Anschließend klein schneiden.
Die Zwiebel schälen und mit dem Lorbeerblatt und den Nelken spicken.
Butter in einem Topf schmelzen, den Reis einrühren und mit Wasser aufgießen. Salz, die gespickte Zwiebel und die Maronen beifügen und kurz aufkochen lassen. Vom Herd nehmen und im Ofenrohr zugedeckt 20 Minuten dünsten.
Aus dem Rohr nehmen, die Zwiebel herausnehmen und den Reis mit einer Gabel auflockern.

Die Fischfilets mit einem Schaumlöffel aus dem Sud heben, abtropfen lassen und auf Tellern anrichten. Die Kerbelrahmsauce und den Kastanienreis dazu reichen.

* * *

Datteltorte

Ergibt etwa 16 Stück

Margarine für die Form
250 g weiche Butter
250 g Zucker
1 Tl Vanillezucker
geriebene Schale einer unbehandelten Zitrone
4 Eier
1 Messerspitze Backpulver
500 g Mehl
$1/8$ l lauwarme Milch
200 g Datteln, kleingehackt
2 El Mehl
4 El Aprikosenmarmelade
3 El warmes Wasser

Eine Springform mit 24 cm Durchmesser
Das Ofenrohr auf 180 Grad vorheizen

Die Form mit Margarine einfetten.
Butter mit einem Quirl schaumig rühren und langsam abwechselnd Zucker, Vanillezucker, geriebene Zitronenschale und Eier beigeben. Das Backpulver unter das Mehl mischen, auf den Teig sieben und langsam einrühren. Die Milch zugießen und einrühren, bis der Teig glatt ist.
Die gehackten Datteln mit Mehl bestäuben, gut vermengen und unter den Teig heben. Den Teig in die Form geben und im Ofenrohr 45–50 Minuten backen. Vor dem Herausnehmen mit einem Holzstäbchen anstechen. Wenn kein Teig haften bleibt, ist die Torte fertig.
Aus dem Ofen nehmen und abkühlen lassen.
Die Aprikosenmarmelade mit warmem Wasser glattrühren und damit die abgekühlte Torte einstreichen.

Für die Glasur:
6 El Puderzucker
Saft einer halben Zitrone
2 El Rum

Zum Garnieren:
100 g Datteln, halbiert

Nach Belieben: $1/4$ l geschlagene Sahne

Puderzucker in eine Schüssel sieben und mit Zitronensaft und Rum vermischen. Die Torte und die Tortenränder damit gleichmäßig einstreichen. Für zwei Stunden an einen kühlen Ort stellen, damit die Glasur fest wird. Nicht im Kühlschrank kaltstellen, da sich sonst die Glasur auflöst.
Mit den halbierten Datteln garnieren.
Schmeckt gut mit viel Schlagsahne.

Schmerzliches Erlebnis

Es war in Paris.

Vor Jahren schon.

Ich gastierte an der großen Oper und war schon damals, wie auch leider heute noch, für lukullische Genüsse nicht unempfänglich.

Auf dem Boulevard des Italiens hat Appenrodt, ein Deutscher, ein wunderbares Delikatessengeschäft, zu dem ich täglich pilgerte, um mich an den in der Auslage ausgebreiteten und besonders appetitlichen Würsten, Pasteten und anderen Delikatessen, meist heimatlichen Ursprungs, zu erbauen.

Vertieft in die Vorstellung, wie herrlich dieses oder jenes wohl schmecken möge, und dem Vorsatz, im nächsten unbewachten Augenblick mir diese oder jene Wurst zu leisten – stand ich da.

Ich betone unbewacht, denn seit ich erwachsen bin, muß ich mich kasteien, werde kontrolliert, damit ich nichts esse, was dick macht. Leider machen die besten und reizvollsten Sachen dick.

Immer ist Liesi, mein Gemahl, an meiner Flanke, und wenn ein Wurstladen auftaucht, zieht sie mich liebevoll zur Seite und flüstert mir besorgt ins Ohr: »Leo, denke an deine Figur, an deine Heldengestalten.«

Bin ich aber einmal unbewacht, dann stehe ich lange vor so einem Fressaliengeschäft, starre hinein und denke, wie ungerecht es ist, daß der, der das Essen erfunden hat, noch kein Monument besitzt.

So auch dieses Mal bei Appenrodt.

Als ich längere Zeit dagestanden hatte, sehe ich in der Auslage als Spiegelbild eine ziemlich große Menschenmenge, die herzlich lacht und sich offensichtlich großartig amüsiert.

Gleichzeitig fühle ich an den Waden eine eigenartige Wärme.

Ich wende mich um und sehe, wie gerade ein Riesenhund das Haxel hebt und meine Beine als Eckstein benützt.

Gleichzeitig erschallt ein Gebrüll der stets anwachsenden Menge, und ein besonders Beherzter ruft mir, auf den Hund zeigend, zu »C'est déjà le sixième!«

Zu deutsch: »Das ist schon der sechste!«

Register

Apfelkücherl 134
Apfelstrudel 131
Aprikosenknödel 163
Aubergine, gefüllte 82
Backhend'l, Wiener 128
Bayrisch Creme 152
Biersuppe 64
Blumenkohlcremesuppe 62
Broccolicremesuppe mit Lachsstreifen 63
Cocktail aus Shrimps und frischen Feigen 38
Datteltorte 165
Eierlikörsandkuchen 157
Elchbraten Weinhändler Art 87
Ente, gefüllte 125
Fasan auf Ananaskraut 95
Fingerhüte 137
Fischsuppe mit Knoblauchcroutons 64
Flambierte Bananen 159
Flugentenbrüstchen auf Erdbeer-Rhabarbercreme 118
Forellen »Douxelles« 71
Forellen-Mousse 38
Frühstücksragout 34
Gans, gebratene 124
Goldbarschfilet mit Bananen und Mandeln 69
Gemüseeintopf mit Nudeln 83
Gemüse-Nudelauflauf 83
Graupensuppe mit Gemüsewürfeln 59
Grießnockerl 47
Grießschnitten mit Zimtzucker 136
Grießsuppe, legierte 58
Gulascheintopf 113
Gulaschsuppe 59
Hasenrücken in Haselnußkruste 92
Hirschkalbsfilet auf heißen Sauerkirschen 88
Hirschragout Williams 88
Hühnerbrühe 46
Hühnerbrüstchen auf Sellerie-Früchtesalat 33
Hühnerfrikasse 80
Hummer, gegrillt 73
Hummerragout mit Morcheln 73
Kabeljau in Kerbelrahm 164
Käsekuchen 157
Kaffeecreme 153
Kaiserschmarrn 136
Kaiserschöberl 48
Kalbsbriesröschen in Kiwisahne 123
Kalbsfilet mit frischen Champignons 80
Kalbsfrikasse mit Spargel 79
Kalbshaxe mit Gemüsestreifen 116
Kalbsleberschnitte mit Äpfeln und Zwiebeln 82
Kalbsnierchen in leichter Senfsauce 81
Kaninchenkeule, geschmorte 94
Kartoffelsuppe mit Wiener 59
Kastanienreis 164
Kirschcreme 153
Krautsalat, warmer 102
Krautwickerl, Leo's 115
Krebse in Dillrahmsauce 74
Krebse im Biersud 162
Krebsgulasch 74
Lachs, gebeizter 37
Languste mit pikanter Mayonnaise 73
Leberknödel 46
Leberspätzle 47

Lebkuchenparfait 152
Malerwinkelteller 35
Markklößchen 47
Mascarponecreme 153
Miesmuscheln in Tomatensauce 71
Milchreis mit frischen Früchten 137
Millirahmstrudel 131
Milzpovesen 48
Minestrone 63
Mohnnudeln 137
Mousse au chocolat 152
Nudeln, hausgemachte 48
Nudeln in Gorgonzolacreme mit
   gebratenen Austernpilzen 129
Orangenparfait 152
Paprikahendl 128
Pfifferlinge in Rahm mit kleinen Kräuterknödeln 36
Pfirsichcreme 153
Putenschnitzel in Curryrahm mit frischen Erdbeeren 123
Ragout fin 34
Rahmwaffeln 156
Rehpfeffer 91
Rehrücken auf roten Johannisbeeren 92
Rehsahnefleisch 91
Reispfanne mit Hühnerbruststreifen 81
Riesengarnelen 71
Rinderbraten in Burgundersauce 114
Rinderbrühe 46
Rinderleber mit Speck, Zwiebeln und Tomaten 123
Rinderroulade 115
Roastbeef mit Sauce Tartar 35
Roggensuppe 164
Rote Grütze 158
Saibling in Zitronenbutter 70
Saiblingsfilet auf Basilikumrahmspiegel 68
Salat von frischen Pfifferlingen mit gebeiztem Lachs 37
Salzburger Nockerl 136
Schellfisch in Senfsauce 68
Scheiterhaufen 137
Schnitzel, Wiener 129
Scholle mit Speck, Zwiebeln und Shrimps 69
Schwammerlsuppe 62
Schweinehax'n 117
Schweinemedaillons in Calvadosrahmsauce 118
Slezak-Gulasch 113
Slezak-Sandwich 33
Slezak-Toast 114
Slezaktorte 158
Spanferkel Braumeister Art 162
Spargelcremesuppe 62
Spargel mit Essig-Öl-Kräutersauce 36
Spargel mit Hühnerbrüstchen 80
Speckknödel 162
Topfenpalatschinken 134
Vanillepudding mit frischen Erdbeeren 159
Wachteln in der Folie, gefüllte 128
Wildschweinragout mit Egerlingen und Champignons 87
Windbeutel 156
Wurzelfleisch mit frischem Meerettich 117
Zanderfilet Grenobler Art 69
Zwetschgendatschi 156
Zwetschgenknödel 132
Zwiebelkuchen 34

Literaturnachweis

Tegernsee
aus: Leo Slezak, Der Wortbruch, S. 113,
rororo Taschenbuchausgabe, Oktober 1959

Der gute Ton in allen Lebenslagen
aus: Leo Slezak, Der Wortbruch, S. 75

Das Frühstück
aus: Leo Slezak: Der Wortbruch, S. 77

Mit magischer Gewalt zum Theater
aus: Leo Slezak: Der Rückfall, S. 29,
rororo Taschenbuchausgabe, September 1962

Zum Theaterbesuch langte es nicht...
aus: Leo Slezak, Meine sämtlichen Werke, S. 10,
rororo Taschenbuchausgabe, Oktober 1959

Mein erstes Gastspiel in Prag
aus: Leo Slezak, Meine sämtlichen Werke, S. 63

Das Reisen in Amerika
aus: Leo Slezak, Meine sämtlichen Werke, S. 23

Innig geliebte Eltern
aus: Leo Slezak, Rückfall, S. 99

Der Umstand daß ich vollschlank bin...
aus: Leo Slezak, Rückfall, S. 94

Ferien
aus: Leo Slezak, Meine sämtlichen Werke, S. 126

Glucks »Armida«
aus: Leo Slezak, Meine sämtlichen Werke, S. 54

Ich sang in der Academy of Music in Brooklyn den Othello
aus: Leo Slezak, Meine sämtlichen Werke, S. 35

Der Opernführer
aus: Leo Slezak, Der Wortbruch, S. 84

Lohengrin
aus: Leo Slezak, Der Wortbruch, S. 87

Gustav Mahler
aus: Leo Slezak, Meine sämtlichen Werke, S. 140

Kleines Abenteuer
aus: Leo Slezak, Rückfall, S. 144

Wie ein schöner Traum zieht all der Glanz an meinem geistigen Auge vorüber
aus: Leo Slezak, Der Wortbruch, S. 135

»Herr Kammersänger, die Krone?«
aus: Leo Slezak, Meine sämtlichen Werke, S. 104

Abschied vom Theater
aus: Leo Slezak, Rückfall, S. 147

Film
aus: Leo Slezak, Rückfall, S. 120

Daß der Humor und die sogenannte Viecherei bei der Arbeit nicht zu kurz kommen und diese würzen, ist selbstverständlich
aus: Leo Slezak, Rückfall, S. 134

Mein Steckbrief
aus: Leo Slezak, Rückfall, S. 149

Schmerzliches Erlebnis
aus: Leo Slezak, Rückfall, S. 142

Bildnachweis

Österreichische Nationalbibliothek Bildarchiv, Wien
Seite 27, 28, 49, 51, 52, 106, 107, 108, 109 und 111

Deutsches Theatermuseum, München
Seite 25, 32 und 54

---

[1] Dr. Anton Odelga

[2] Slezak, Walter, Wann geht der nächste Schwan, Piper & Co Verlag München, 1964, S. 300